가장 빨리 부자 되는 단 한가지 방법

# 부자 마인드셋

**옮긴이 송 여 울**
영문학과를 졸업하고 캐나다로 건너가 벤쿠버에서 영어교육 특별 프로그램 과정을 이수했다. 옮긴 책으로 《나무의 언어》, 《강의 언어》가 있으며, 자연에 관한 좋은 책을 번역하는 데 관심을 두고 있다. 또한 다양한 책을 국내에 소개하는 데 정진하고 있다.

가장 빨리 부자 되는 단 한가지 방법
# 부자 마인드셋

**초판 1쇄 인쇄** 2018년 9월 10일
**초판 1쇄 발행** 2018년 9월 20일

| | |
|---|---|
| **지은이** | 월레스 D. 와틀스 |
| **펴낸이** | 우세웅 |
| **기획총괄** | 우민 |
| **기획편집** | 이지현 |
| **기획마케팅** | 정우진, 신이원 |
| **북디자인** | 신은경 |

| | |
|---|---|
| **펴낸곳** | 슬로디미디어그룹 |
| **신고번호** | 제25100-2017-000035호 |
| **신고년월일** | 2017년 6월 13일 |
| **주소** | 서울시 서대문구 불광천길 116, 2층 (북가좌동) 203호 |
| **전화** | 02)493-7780 |
| **팩스** | 0303)3442-7780 |
| **전자우편** | wsw2525@gmail.com (원고 투고) |
| **홈페이지** | http://slodymedia.modoo.at |
| **블로그** | http://slodymedia.xyz |
| **페이스북·인스타그램** | slodymedia |

Copyright ⓒ slodymedia, 2018

ISBN 979-11-88977-14-7  13320

이 도서의 국립중앙도서관 출판예정도서목록(CIP)은 서지정보유통지원시스템 홈페이지(http://seoji.nl.go.kr)와 국가자료공동목록시스템(http://www.nl.go.kr/kolisnet)에서 이용하실 수 있습니다.
(CIP제어번호 : CIP2018028808)

# 가장 빨리 부자 되는 단 한가지 방법
# 부자 마인드셋

월레스 D. 와틀스 지음 | 송여울 옮김

RICH

CREATE

SUCCESS

MIND

슬로디미디어

# c o n t e n t s

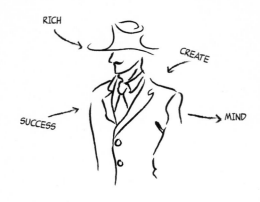

우리는 게으름의 대가로

두 배의 세금을 치러야 하고,

자존심의 대가로 세 배,

그리고 어리석음의 대가로 네 배의 세금을 내야 한다.

또한 이런 세금을 걷는 관리들에게 세금을 깎아주거나

내지 않도록 하게 만들 수도 없다.

하지만 유익한 조언에 귀를 기울인다면

우리는 방법을 찾아낼 수 있을 것이다.


– 벤저민 프랭클린,《부자의 길》

prologue

이 책은 결코 철학적 논리를 설파하려는 의도에서 쓰인 것이 아니다. 이 책은 부자가 되는 것에 관한 이론을 주장하려는 것이 아니라 철저하게 실용적인 관점에서 기술한 안내서라고 할 수 있다. 이 책을 읽는 사람들의 가장 시급한 문제는 일단 부자가 되는 것이다. 먼저 부자가 되고 나서 그것에 관한 이론을 공부한다고 해도 절대 늦지는 않을 것이다. 대다수의 사람은 시간적으로나 방법적으로 심도 깊은 이론을 공부할 수 있는 기회를 갖지 못한다. 따라서

이 책은 우선 결과를 얻기 위해 과학적 원리에 기초한 행동을 취하고자 하는 사람들을 위한 것으로, 그 과학적 원리에 도달하기까지 거치게 되는 모든 이론적 과정은 생략했다.

독자들은 마르코니나 에디슨이 발견한 전기의 법칙을 믿듯이 내가 지금부터 주장하는 과학적 법칙을 믿어야만 한다. 그것을 믿음으로써 두려움이나 주저함 없이 실천할 수 있고, 그럼으로써 나의 주장이 진실이라는 점을 증명할 수 있을 것이다. 나의 주장을 믿고 실천하고자 하는 의지를 가진 사람이라면 모두 틀림없이 부자가 될 수 있다. 이 책에서 설명하고 있는 방법은 엄밀한 과학에 기초한 것이기 때문에 특별한 오류는 없다. 그럼에도 불구하고 철학적 이론을 조사하고자 하거나 믿음의 논리적 근거를 갖고자 한다면 다음에 인용하는 학자들의 저서를 읽어보기를 권한다.

내 주장의 철학적 기반은 방법론적 일원론으로, 모든 현상에는 인과의 법칙이 존재하며, 인과의 법칙은 자연현상과 같으므로 실증적으로 탐구할 수 있다는 입장이다. 이는 하나가 모든 것이며 또한 모든 것이 하나라는, 곧 하나의 본질이 자신의 모습을 드러내기 위해 물질세계의 다양한 요소로 나타난다는 사상에 기초한다. 모든 동양철학의 기초를 이루는 이 원리는 지난 200년 동안 서구사상에 점차 영향을 주었다. 데카르트, 스피노자, 라이프니츠, 쇼펜하우어, 헤겔, 에머슨 등의 사상이 이에 영향을 받았다. 특히 이에 대한 철학적 기본원리를 찾고자 하는 독자는 헤겔과 에머슨을 읽어보기 바란다.

나는 가능한 쉬운 문체를 사용하여 모든 독자들이 쉽게 읽을 수 있도록 이 책을 썼다. 여기에 기술된 행동요령은 실제로 강도가 높은 실험을 거쳤고 그 결과는 매우 좋았다. 만약 어떻게 그런 결과에 도달할 수 있었는지를 알고 싶다면 앞에 언급한 철학자들의 글을 읽어보기 바란다. 그리고 자신의 실천을 통해 그 같은 결실을 보고 싶다면 이 책을 읽고 여기서 이르는 대로 행동하기를 바란다. 그러면 당신은 반드시 부자가 될 것이다.

인간은 누구나 부자가 될 권리를 가지고 있다.
모든 생명체의 목적은 발전이며,
생명을 가진 모든 존재는 도달 가능한 발전에
이를 원천적인 권리를 갖는다.

# 당신도 **부자가** 될
## 01
## **권리**가 있다

가난을 미덕이라고 생각하는 시대가 있었다. 그 시대에 부자는 천국의 문을 통과하기 힘든 악인처럼 여겨졌다. 하지만 지금은 시대가 달라졌다. 아무리 가난을 칭송한다고 해도 이제는 어느 정도 부를 갖추고 있지 않으면 진정으로 성공적인 삶을 살아가지 못한다. 넉넉한 재력이 없으면 사람들은 재능의 계발이나 영혼의 자유를 추구할 수 없다. 재능과 영혼의 발전을 위해서는 반드시 이를 위해 필요한 물질들을 소비해야 하지만, 돈이 없으면 이를 소유할 수 없기 때문이다. 인간은 물질의 사용을 통해 정신과 육체, 그리고 영혼을 발전시킨다. 그런데 현대사회는 거의 완벽하게 조직화되어 있기 때문에 무언가 필요한 물질을 얻기 위해서는 교환의 수단인 돈을 가지고 있어야만 한다. 따라서 우리 시대의 인간이 가져야 하는 기본적 진보의 원리는 돈을 버는 법, 즉 부자가 되는 법이 되어야 한다.

인간은 누구나 부자가 될 권리를 가지고 있다. 모든 생명체의 목적은 발전이며, 생명을 가진 모든 존재는 도달 가능한 발전에 이를 원천적인 권리를 갖는다. 그러므로 생명을 영위하는 인간은 정신적 육체적 영적 자유에 필수적인 모든 물질을 제한 없이 시용할 권리, 즉 부자가 될 타고난 권리를 가진다.

나는 이 책에서 부의 의미를 비교의 방식으로 묘사하지 않겠다. 즉 누가 더 많이 가졌고 누가 더 적게 가졌다는 식의 상대적인 의미의 부를 말하려고 하는 것이 아니다. 진정한 의미의 부는 사람에 따라 상대적으로 느끼는 소박한 만족감을 의미하지 않는다. 충분히 많이 쓰고 즐길 수 있는 사람이 그보다 적은 물질의 소비에도 만족감을 느낄 수 있다고 말하는 것은 별 의미가 없다. 자연의 본성은 생명의 진보와 발전이다. 그러므로 모든 개인은 각자의 생명력, 생명의 아름다움과 풍요로움에 공헌할 수 있는 모든 것을 얻는 일에 매진해야 한다.

이런 의미에서 부자란 평생의 삶을 통해 생명의 진보와 발전에 필요한 모든 것을 완전히 소유한 사람이다. 그리고 금전적인 풍족함이 없이는 필요한 모든 것을 소유할 수 없다. 인간의 삶은 진보를 거듭해왔고 매우 다양해졌기 때문에 보통의 사람이 완성된 삶에 근접하기 위해서는 막대한 양의 부가 필요하다.

사람은 누구나 자신이 가진 능력의 범위 내에서 최대한의 결과를 끌어내고 싶어 한다. 자신의 내부에 잠재된 능력의 가능성을 깨닫고자 하는 욕망은 인간의 타고난 본성이다. 그러므로 성공적인 삶이란 자신의 능력이 도달하는 한 스스로가 원하는 사람으로 되어가는 과정이다. 사람은 매사에 어떤 물질을 사용함으로써 스스로가 원하는 사람이 되어간다. 그리고 그런 물질들을 마음대로 사용하기 위해서는 그것을 소유할 만한 부자가 되어야 한다. 따라서 인간적인 삶을 살아가는 데에 있어서 부자가 되는 법을 이해하는 것은 다른 어떤 지식을 배우는 것보다도 더욱 중요하다.

부자가 되고자 하는 욕망을 갖는 것은 잘못이 아니다. 그것은 사실 풍요롭고 알찬 삶을 살아가고자 하는 욕망일 따름이다. 그러한 욕망을 갖는 것은 칭찬받아 마땅한 일이지 결코 비난받을 일은 아니다. 일반적인 사람이라면 결코 풍요로운 삶을 마다하지 않는다. 자신이 원하는 물질을 모두 살 수 있을 만큼 충분한 재정적 여유를 원하지 않는 사람이 있다면, 그 사람은 자기가 가진 잠재력 전부를 발휘하려고 하지 않는 것과 같다. 우리가 살아가는 이유가 되는 세 가지 동인이 있다. 몸과 마음과 영혼의 만족이 그것이다. 이 세 가지 가운데 어느 하나도 다른 것들보다 더 중요하다거나 더 저급하지 않다. 세 가지 모두 소중한 가치를 지닌다. 세 가지 동기 가운데 어느 하나라도 충분히 발휘되지 못한다면 우리는 온전한 삶을 살아갈 수 없다.

마음과 몸이 요구하는 것을 거부하고 오직 영혼의 만족만을 위해 살아가는 것은 결코 올바른 일도 고귀한 일도 아니다. 몸과 영혼이 요구하는 것을 거부하고 오직 정신적 지식만 추구한다면 그것도 잘못이다. 마음과 영혼이 요구하는 것을 거부하고 오직 육체적 욕망을 충족시키기 위해 살아갈 때 어떤 비참한 결과가 오는지 우리는 잘 알고 있다. 진정한 삶이란 몸과 마음과 영혼, 이 세 가지 모두를 통해 온전히 발현된다. 몸이 제 기능을 다 하지 못하거나 마음 혹은 영혼이 빈곤함을 느낀다면 인간은 진정한 행복을 누리며 만족한 삶을 살 수 없다.

자신이 가진 가능성을 억제하려고 하지 말라. 가능성이 억제되는 곳, 재능의 실현이 가로막히는 곳에서는 풍요롭고 알찬 삶에 대한 욕망이 충족될 수 없기 마련이다. 왜냐하면 가능성을 표현하고 재능을 실현하는 것이 곧 욕망이기 때문이다.

육체적으로 충만한 삶을 살아가는 것은 죄악이 아니다. 인간은 좋은 음식과 편안한 옷, 안락한 집, 그리고 적당한 노동의 자유가 없다면 육체적으로 충만한 삶을 살아갈 수 없다. 또한 휴식이나 오락도 역시 인간의 삶에서 꼭 필요한 부분이다.

책을 읽고 공부를 하거나 여행과 관찰의 기회를 얻거나 지적인 동료와 대화를 갖거나 하지 못한다면 정신적으로 충만한 삶을 살 수 없다. 정신적으로 충만한 삶을 살기 위해서는 지적인 유희도 즐겨야 하며, 이를 위해 주변에 감상할 수 있는 예술 작품들도 있어야 한다. 인간이 영혼이 충만한 삶을 살기 위해 반드시 있어야 할 것이 사랑이다. 그런데 사랑은 종종 빈곤에 의해 상실하게 된다. 정신적으로나 혹은 육체적으로 가난할 때 사람은 사랑을 잃어버리기 쉽다.

사람은 어느 때 가장 커다란 행복감을 느낄까? 그것은 아마도 사랑하는 사람에게 무언가 소중한 것을 베풀 때일 것이다. 가장 자연스럽고 무의식적인 사랑의 표현은 바로 주는 행위이기 때문이다. 사랑하는 사람에게 아무것도 줄 것이 없는 사람은 남편으로서, 아버지로서, 시민으로서, 혹은 인간으로서 자신의 자리를 충족시킬 수 없다.

몸을 건강하게 유지하고, 마음을 풍요롭게 발전시키고, 영혼을 빛나게 드러내는 것은 물질을 통해서 이루어진다. 물질이 없다면 몸도 마음도 영혼도 빈곤해진다. 따라서 부자가 되는 것은 인간에게 지극히 중요한 일이다. 부자가 되고자 노력하는 것은 아주 올바른 일이다. 남녀노소를 불문하고 정상적인 사람이라면 부자가 되고자 하는 욕망을 결코 버릴 수가 없다. 그러므로 인간이 부자가 되는 법에 관심을 쏟는 것은 지극히 정상적이며 고귀하고 필수적이기도 하다. 그런 측면에서 보면, 부자가 되는 법에 관한 공부를 게을리하는 것은 자기 자신과 인류에 대한 의무를 소홀히 하는 것이다. 자기 자신의 삶을 충실하게 사는 것이 인류에 대한 봉사임을 절대 잊지 말자.

부를 획득하는 과정에는
그것을 지배하는 몇 가지 법칙이 있는데,
그 법칙을 익히고 현실에 적용하면
마치 수학 문제를 풀듯이 정확하게 부자가 된다.

# 부의 세계를
## ── 0 2 ──
## 지배하는 **법칙**

인간이 발견한 학문 가운데 부자가 되는 과학이 있다. 그것은 대수학이나 산수처럼 매우 엄밀한 과학이다.

부를 획득하는 과정에는 그것을 지배하는 몇 가지 법칙이 있는데, 그 법칙을 익히고 현실에 적용하면 마치 수학 문제를 풀듯이 정확하게 부자가 된다. 돈과 자산의 소유는 저절로 주어지는 것이 아니라 어떠한 일을 특정한 방식으로 행한 결과에 의해 생기는 것이다. 의도적이었든 혹은 의도하지 않은 우연한 행위였든 그 특정한 방식을 행한 사람들은 모두 부자가 되었다. 반면에 아무리 능력이 뛰어나고 열심히 일해도 그 특정한 방식에 따라 행동하지 않은 사람들은 계속 가난한 상태로 남았다.

인과의 법칙은 자연의 법칙이다. 즉 같은 원인 아래에서는 항상 같은 결과가 나온다는 것이다. 따라서 어떤 일에 있어서 특정한 방식으로 행하는 법을 배운 사람은 누구나 똑같은 결과, 즉 틀림없이 부자가 되는 결과를 얻게 된다. 어떤 사람은 스스로 부자가 될 수 없는 이유로 환경을 탓한다. 하지만 부자가 되는 것은 환경이 결정하는 문제가 아니다. 만약 주어진 환경에 따라 부자가 되느냐 아니냐가 결정된다면 일정한 지역에 사는 사람은 모두 부자여야 할 것이다. 어느 도시에 사는 시민들은 모두 부자가 되고, 다른 도시에 사는 시민들은 모두 빈곤에서 벗어나지 못해야 할 것이다. 어느 나라에 사는 국민들은 모두 풍족한 부를 누리고, 다른 나라에 사는 국민들은 모두 가난에 찌들어 살아야 할 것이다. 하지만 현실은 그렇지 않다는 것을 잘 알고 있다.

똑같은 환경에 속해 있음에도 빈부의 차이가 있고, 심지어는 이들이 똑같은 직종을 가진 경우도 종종 있다. 같은 지역에서 같은 일에 종사하는 두 사람이 있을 때, 그 가운데 한 사람은 부자이고 다른 한 사람은 빈곤하다면 환경이 부자가 되는 것을 결정한다는 생각은 전혀 근거가 없다는 것이 증명된다.

물론 어떤 환경은 다른 환경에 비해 조건이 좀 더 좋을 수는 있다. 그러나 서로 이웃에 살면서 같은 직업에 같은 직위를 가졌으나 부자가 되는 사람이 있고 그렇지 못한 사람이 있는 것을 보면 부자가 되는 것이 환경과는 크게 연관이 없다는 것을 알 수 있다. 어떤 사람은 스스로 부자가 될 수 없는 이유로 재능을 탓한다. 하지만 재능도 역시 결정적인 이유가 되지 못한다. 주위를 둘러보면 재능이 많은 사람이 왠지 가난을 면치 못하고 있는 데 반해, 재능이 거의 없는 사람이 오히려 큰 부자가 되어 있는 경우가 비일비재하다는 것을 알 수 있다. 부자가 되는 것은 특정 법칙에 따라 일을 행할 때 생기는 결과다. 그리고 특정한 법칙에 따라 일을 행하는 능력은 재능의 소유 여부에 크게 의존하지 않는다.

부자들을 연구해보면, 그들이 특별한 재능을 가졌다기

보다는 거의 모든 면에서 평균적이라는 사실을 알 수 있다. 그러므로 뛰어난 재능이나 능력이 있어야만 부자가 되는 것은 아니다. 결국 모든 면에서 평균적인 사람들이 부자가 되는 것은, 그들의 행위에 어떤 특정 법칙이 작용하기 때문이라는 점이 더욱 분명해진다.

또한 부자가 되는 것은 저축이나 절약으로 인한 결과가 아니다. 주위에는 매우 검소하게 사는 사람들이 계속 가난한 데 비해, 오히려 돈을 펑펑 쓰는 사람들이 부자인 경우가 많다. 그러므로 검약이 부를 결정하는 것은 아니다. 또한 일에서 성공함으로써 부자가 되는 것도 아니다. 같은 직업을 가진 두 사람이 그 업종에서 거의 비슷한 성공을 이루지만 한 사람은 부자가 되고 다른 한 사람은 가난해지거나 파산하는 경우도 있기 때문이다.

그러한 모든 사실을 고려해 볼 때, 우리는 부자가 되는 것은 특정한 법칙에 따라 행동한 결과라는 결론을 내릴 수밖에 없다. 부자가 되는 것이 특정한 방식으로 일을 행한 결과라면, 누구든지 그 법칙에 따르기만 하면 부자가 될 수 있다는 말이 된다. 법칙은 인과성을 가지므로 같은 원인은 항상 같은 결과를 가져올 것이고, 따라서 우리가 다루는 부자가 되는 법칙도 엄밀한 과학의 영역에 포함될 수 있다. 수학이나 물리학처럼 이 법칙을 따르기만 하면 누구나 부자가 될 수 있는 것이다. 그런데 이 특정한 법칙을 익히고 행하는 것이 너무 어려워 소수의 인간만이 실현 가능한 일이 아닌가 하는 의문이 생긴다. 그러나 앞에서도 말했듯이 선천적 재능은 크게 중요하지 않으므로 그런 의문을 갖는 것은 부질없는 일이다. 주위를 한 번 둘러보라. 재능 있는 사람도 부자가 되고 얼간이 같은 사람도 부자가 된다. 매우 똑똑한 사람도 부자가 되고 아주 어수룩한 사람도 부자가 된다.

특정한 법칙을 이해하기 위해서는 어느 정도 생각할 수 있는 능력을 갖추고 있어야 한다는 사실은 물론 중요하다. 그러나 타고난 재능이 없더라도 글을 읽고 이해할 수 있을 정도의 능력만 있으면 누구든 과학적 법칙에 따라 틀림없이 부자가 될 수 있다. 환경의 문제는 중요하지 않다고 했지만, 전혀 상관이 없다는 말은 아니다. 예를 들어, 사하라 사막 한가운데서 성공적인 비즈니스를 기대할 수는 없는 일이다. 부자가 되는 것은 사람들과의 관계 속에서 생기는 것이지 혼자서는 이룰 수 없기 때문이다. 그러나 환경의 문제가 끼치는 영향력은 그 정도에서 그친다.

당신이 사는 도시에서 누군가 부자가 되었다면 당신도 얼마든지 부자가 될 수 있다. 반복하지만 부를 이루는 것은 특정한 직종이나 직업과 관련 있는 것이 아니다. 어떤 직종의 어떤 지위에서도 부자가 될 수 있다.

당신은 자신이 원하는 직업을 선택하고 최선을 다할 것이 분명하다. 잘 계발해온 재능이 있다면 그 재능을 발휘할 수 있는 직종에서 최선을 다할 것이다.

또한 지역적 특성에 맞는 직종을 선택하고 최선을 다할 것이다. 아이스크림 가게는 그린란드에 여는 것보다는 좀 더 더운 지역에서 여는 것이 나을 것이다. 연어 수산업을 한다면 연어가 없는 플로리다보다는 노스웨스트에서 하는 것이 나을 것이다.

그러나 그러한 일반적인 제한을 차치한다면, 부자가 되는 것은 어떤 산업에 종사하느냐가 아니라 특정한 법칙을 익히고 행하느냐에 달려 있다. 만약 지금 자신이 몸담은 산업 분야에서 누군가 부자가 되었음에도 불구하고 자신은 여전히 부자가 되지 못하고 있다면, 그것은 그 사람이 일을 행한 방식과 똑같은 방식으로 자신이 일을 행하지 않고 있기 때문이라는 사실을 깨달아야 한다.

자본의 결여가 부자가 되는 것을 막지 못한다. 당신이 자본을 가지고 있음으로써 좀 더 쉽고 빠르게 부자가 될 수는 있겠지만, 자본을 가진 사람이라고 더 일찍 부자가 되는 것은 아니다. 당신이 지금 얼마나 가난한지는 문제가 되지 않는다. 만약 당신이 특정한 방식으로 행동하기 시작한다면, 당신은 곧 부를 얻기 시작할 것이다. 자본의 획득은 부를 얻는 과정의 일부이다. 그것은 특정한 방식으로 일을 행할 때 반드시 따르게 되는 결과의 일부일 뿐이다.

당신은 아마도 이 나라에서 가장 가난한 가난뱅이로 엄청 나게 많은 빚을 지고 있을지도 모른다. 그렇더라도 특정한 법칙에 따라 일을 행하면 틀림없이 부자가 될 것이다. 같은 원인은 같은 결과를 낳기 때문에 친구나 영향력 혹은 자산이 없더라도 부자가 될 것이다. 만약 자본이 없다면 자본을 갖게 될 것이다. 만약 잘못된 비즈니스를 하고 있다면 올바른 비즈니스를 하게 될 것이다. 좋지 않은 지역에 있다면 좋은 지역으로 갈 수 있을 것이다. 현재의 직종과 현재의 장소에서 성공을 끌어내는 특정한 방식을 행하기 시작함으로써 그렇게 될 수 있다.

물살에 대항해 헤엄치기보다는
물살을 타고 나아가는 사람에게 더욱
풍부한 기회가 주어진다.

# 기회는
## 03
# 독점된 것인가

부는 독점할 수 있는 것이 아니다. 기회를 빼앗겼기 때문에, 즉 다른 사람이 부를 독점하고 장벽을 쳤기 때문에 가난한 상태에 빠진 것이 아니다. 어떤 종류의 사업에 참여할 기회가 가로막혔다면 다른 통로를 뚫으면 된다. 아마도 철도사업에 참여하여 어떤 역할을 맡는 것은 어려울 것이다. 왜냐하면 그 분야는 이미 독점화되었기 때문이다. 하지만 전동열차사업은 아직 초기 단계에 있고 광범위하고 진취적 전망을 가진 사람들을 요구하고 있다. 그러나 이 기회도 몇 년 안에 줄어들게 될 것이다. 왜냐하면 여행과 운송에 있어서 항공 분야가 대규모의 산업으로 발전할 것이고, 수십만 어쩌면 수백만의 고용을 창출하게 될 것이다. 당신이 지금 항공운송의 발전에 주의를 기울이지 않는 것은 제임스 힐J. J. Hill(철도와 목재업계의 거물)이나 다른 경쟁자들의 존재에도 불구하고 증기기관의 분야에 아직 기회가 남아 있다고 생각하기 때문이다.

만약 당신이 철강 분야에 고용된 노동자라면, 그 분야에서 당신이 고용주가 될 기회는 거의 없다는 것은 자명하다. 그러나 특정한 방식으로 행동하기 시작한다면, 당신은 곧 철강 회사를 그만두고 10에이커에서 40에이커의 농장을 매입하여 식료품 재배업자로서 사업에 뛰어들 수 있다. 도시가 급격히 팽창하고 있는 지금의 시기에 근교에서 소규모 농장을 집약적으로 운영하는 사람들에게는 커다란 기회가 열려 있고, 그들은 확실히 부를 획득할 수 있을 것이다. 당신은 아마도 땅을 매입하는 것이 불가능하다고 말할지도 모른다. 그러나 나는 그것이 불가능한 일이 아니라는 점을 당신에게 증명할 것이다. 그리고 당신이 특정한 법칙에 따라 일하게 된다면 확실히 농장을 가질 수 있을 것이다.

전체의 필요에 따라, 그리고 현재 도달한 사회적 환경의 특별한 단계의 요구에 따라 지금까지와는 다른 방향 속에 다양한 기회의 시대적 조류가 놓여 있다. 현재 미국에서 그것은 기업 농과 기업 연합 그리고 전문화라는 방향으로 진행되고 있다. 오늘, 기회는 사람들 앞에 열려 있다. 그 기회는 생산라인의 노동자보다는 농장을 운영하는 사업가 앞에 더 많이 열려 있다. 공장을 돌리는 노동자보다는 농장을 유지하는 전문가에게 더 많이 열려 있다

물살에 대항해 헤엄치기보다는 물살을 타고 나아가는 사람에게 더욱 풍부한 기회가 주어진다. 그러므로 개인으로서든 집단으로서든 산업 분야의 노동자들은 기회의 혜택을 받지 못한다. 노동자들은 그들의 주인에 의해 '억압받는' 존재가 아니다. 그들은 자본의 트러스트나 콤비네이션에 '얽매인' 존재가 아니다. 집단으로서, 그들은 특정한 방식으로 행동하고 있지 않기 때문에 지금의 존재로 머물러 있는 것이다. 만약 미국의 노동자들이 특정한 방식으로 행동하는 것을 선택한다면, 벨기에나 다른 나라들에서 그들

의 형제들이 보여준 예를 따를 수 있을 것이다. 커다란 백화점(소비조합)과 생산조합을 설립하고 그들 자신의 계급을 대표하는 사람을 선출할 수 있을 것이다. 그런 생산조합의 발전을 선호하는 법을 통과시키고, 그리고 몇 년 안에 그들은 평화롭게 그 산업 분야를 소유할 수 있을 것이다.

특정한 방식으로 행동하기 시작한다면 노동자계급은 언제든 지배계급이 될 것이다. 부의 법칙은 다른 모든 사람에게 작용하는 것과 똑같이 그들에게도 작용한다. 이것은 그들이 반드시 깨달아야 한다. 지금의 방식을 고수하는 사람은 계속 그 상태로 남을 것이다. 그러나 개인으로서 노동자가 그들 계급의 특징인 무지함이나 지적 나태함에 빠지지 않는다면, 그는 부자가 될 기회에 편승할 수 있다. 이 책이 그 방법을 말해줄 것이 부의 공급이 부족하기 때문에 가난한 상태에 빠진 것이 아니다. 부의 양이 제한되어 있다는 생각에는 근거가 없으며, 모두에게 풍족하게 돌아가고도 남을 만큼 충분한 부가 있다. 아마도 미국 한 국가가 가지고 있는 건축 재료만으로도 전 세계의 모든 가족에게 워싱턴에 있는 국회의사당만큼 커다란 궁전을 지어줄 수 있을 것이다. 또한 집약적으로 울, 면, 리넨, 비단 등을 생산한다면 전 세계의 모든 사람에게 솔로몬이 영광을 드러내기 위해 치장했던 것보다 더 훌륭한 의복을 입힐 수 있을 것이다. 더불어 모든 사람이 사치스럽게 먹을 만큼의 식량도 생산할 수 있을 것이다.

눈에 보이는 공급은 어마어마하다. 게다가 눈에 보이지 않는 공급까지 따진다면 실로 엄청난 것이다. 지구상에 당신의 눈에 보이는 모든 것은 그것이 어떻게 생겨났는가에 관계없이 하나의 근본물질로부터 만들어진다.

새로운 형태가 끊임없이 만들어지고 낡은 것은 해체된다. 결국 생성 발전 소멸하는 모든 물질은 하나의 근본 물질이 다양하게 결합한 모습에 지나지 않는다. 근본 물질은 아직 형태를 갖추지 않는 무형의 재료다. 그리고 이 무형의 재료 혹은 근본 물질의 공급에는 제한이 없다. 세상이 그 물질로부터 나왔지만, 세상을 만들기 위해 그것이 전부 사용된 것은 아니다.

눈에 보이는 세상의 모든 형태와 그것을 꿰뚫는 공간들은 모두 근본물질인 무형의 재료, 즉 만물의 원료로 채워져 있다. 세상은 이미 만들어진 것처럼 만번도 더 만들어질 수 있으며, 그렇게 되더라도 우리는 세상을 채우는 원료의 공급 부족에 처하지는 않을 것이다. 그러므로 자연의 부가 빈약하기 때문에, 혹은 모두에게 돌아갈 만큼 충분하지 않기 때문에 사람들이 가난에 빠진 것이 아니다.

자연은 부의 고갈되지 않는 곳간이다. 공급은 절대 중단되지 않을 것이다. 근본물질은 창조적 에너지와 함께 존재하면서 지속적으로 더 많은 새로운 형태를 만들어낸다. 건축 재료의 공급이 중단되면 더 많은 자재가 생산될 것이다. 토양이 부족하여 식량이나 의복의 원료가 경작되지 못한다면 토양이 재생 되거나 새로운 토양이 생겨날 것이다. 지구상에서 모든 금과 은이 채굴되었다고 해도 인간이 여전히 금과 은이 있어야 하는 사회적 발달단계에 있다면 무형의 재료로부터 그 이상의 금과 은이 생산되어질 것이다. 무형의 재료는 인간의 요구에 부응한다. 그것은 인간에게 좋은 물질들을 끊임없이 제공할 것이다.

인간 공동체로 볼 때 이것은 진실이다. 인종 전체로서는 항상 부가 넘쳐난다. 그런데도 불구하고 개인들이 가난하다면, 그것은 개인들을 부자로 만들어주는 특정한 행위의 방식을 그들이 따르지 않았기 때문이다. 무형의 재료는 지능을 가지고 있다. 그것은 생각하는 재료다. 그것은 살아있으며, 항상 더 나은 생명의 진보를 추구한다.

더 나은 삶을 추구하는 것은 본성적이고 고유한 생명의 충동이다. 자신을 확장하는 것, 자기 경계의 확장을 추구하고 자신을 더욱 충만하게 드러내고자 하는 것은 지능이 있는 생명체의 본성이다. 형태를 가진 세계는 살아 있는 무형의 재료에 의해 만들어져 왔다. 무형의 재료가 자신을 더욱 충만하게 표현하기 위해 형태라는 틀 속에 자신을 투영한 것이다. 세상은 항상 더 진보한 생명과 더 충만한 기능을 향해 계속 움직이는 거대한 살아 있는 존재이다.

자연은 생명의 진보를 위해 형성되었다. 자연의 생존 동기는 생명의 진보이다. 그런 이유로, 생명이 있는 모든 존재는 아낌없는 공급을 받을 수 있다. 조물주가 자신을 부정하고 자신의 작품을 무위로 돌리지 않는 이상 결핍은 있을 수 없다. 당신은 부의 공급이 부족하기 때문에 가난한 것이 아니다. 무형의 재료는 특정 법칙에 따라 생각하고

행동하는 사람들이라면 누구에게나 요구하는 만큼 충분
히 공급되는 자원이다. 나는 그것이 사실이라는 것을 증명
해 보일 것이다.

나는 특정한 방식으로 행동하는 사람은
부자가 된다고 말했다. 그리고 그러기 위해서는
반드시 특정한 방식으로 생각할 수 있어야만 한다.

# **생각**한 것은
## 04
## 반드시 **이루어**진다

　생각은 부자가 되는 과학의 가장 첫 번째 원리다. 생각은 무형의 재료로부터 유형의 부를 생산해 낼 수 있는 유일한 힘이다. 만들어진 모든 것은 생각의 산물이다. 어떤 형태에 대한 생각이 무형의 실체 속에서 그 형태를 만들어 내는 것이다.

　근본물질은 생각에 따라 움직인다. 자연 속에서 당신이 볼 수 있는 모든 형태나 진화는 근본물질의 생각의 가시적 표현이다. 무형의 재료는 형태를 생각하면 형태를 취하고 움직임을 생각하면 움직임을 취한다. 그것이 만물이 창조된 방식이다. 우리는 생각의 세계에 살고 있으며, 이 세계는 생각의 우주 가운데 일부다. 움직이는 우주에 대한 생각은 근본물질 전체로 확장되었다. 그리고 생각에 따라 형태를 갖추는 무형의 재료는 서서히 행성 운행의 형태를 갖추고 지금껏 그 형태를 유지해왔다. 근본물질, 즉 무형의 재료는 생각에 의해 그 형태가 만들어지고 생각에 따라 움직임이 정해진다. 태양과 세계의 공전시스템에 대한 아이디어를 보유하게 됨으로써 세상은 그런 형태로 자리를 잡고 그런 생각에 따라 움직이고 있는 것이다.

비록 그것이 이루어지는 데는 수 세기가 요구되었을지 모르지만, 천천히 자라는 참나무의 형태를 생각하자 무형의 재료는 그에 걸맞게 움직이고 나무를 생산했다. 창조의 과정에서, 무형의 재료는 그것이 제작되도록 주어진 동선을 따라 움직이는 것처럼 보인다. 참나무에 대한 생각이 즉각적으로 완전히 성장한 나무의 형태를 가져오지는 않았지만, 나무를 생산하게 될 힘을 작동시켰다. 이처럼 생각은 나무 자체가 아니라 단지 나무가 성장해가는 동선(혹은 프로세스)을 만들어 낼 뿐이다.

이러한 설명이 지나친 과장으로 들릴지도 모르지만, 생각은 그만큼 커다란 능력을 갖추고 있다. 무형의 재료 속에서, 모든 형태에 대한 생각은 그 형태를 창조하는 원인이 된다. 그러나 항상, 아니 최소한 이미 성립된 성장과 행동의 동선을 따르는 것이 일반적이다.

어떤 구조를 갖는 집에 대한 생각이 무형의 재료에 각인을 새길지라도 즉각적으로 완성된 집의 형태를 제공하지는 않는다. 그것은 단지 이미 통상 되고 교환되던 창조적 에너지의 방향을 그런 형태의 집을 빠르게 건설하는 방향으로 결과가 나오도록 하는 통로의 역할을 한다. 그리고 만약 창조적 에너지가 작동할 수 있는 통로가 존재하지 않았다면, 집의 건설은 느리게 진행되는 유기적이고 무기적인 세계에서 순전히 우연에 의해 그 형태를 취하게 될 것이다.

어떤 형태에 대한 생각만이 그 형태를 창조하는 동인으로 근본 물질에 각인될 수 있다. 인간은 생각의 중심이고 근원적으로 사색할 수 있다. 인간 이 손으로 만들어낸 모든 형태는 틀림없이 먼저 생각 속에서 존재했을 것이다. 인간은 어떤 물건에 대한 생각을 떠올리기 전까지는 그 물건의 모양을 만들어낼 수 없었다. 그리고 지금까지 인간의 노력은 전체적으로 수작업에 제한되었고, 인간은 형태의 세상에 대한 수세공으로 존재하면서 이미 존재하는 것들을 단지 변화시키거나 모방하는 방식을 찾았다. 인간은 결코 근본 물질에 자기 생각을 각인시킴으로써 새로운 형태를 창조하려는 생각하지 못해왔다.

형태에 대한 생각을 떠올릴 때, 인간은 자연의 형태로부터 재료를 취하고 마음속에서 그 형태의 이미지를 만든다. 과거의 인간은 거의 혹은 전혀 '지능을 가진 무형의 재료'와 함께 협동하지 않았다. 다른 방식으로 표현하면 '조물주와 함께' 일하지 않았다고 해도 좋다. 인간은 조물주가 한 일을 스스로 할 수 있다고는 꿈도 꾸지 않았다. 인간은 단지 수세공으로서 이미 존재하는 형태를 바꾸고 변형 시켰다. 인간은 스스로 자기 생각과 의사소통함으로써 무형의 재료로부터 물건들을 창조해낼 수 있는 능력을 갖고 있었음에도 불구하고, 그러지 못한다는 것에 대해 전혀 의문을 갖지 않았다. 우리는 인간이 남자든 여자든 상관없이 그 누구라도 그렇게 할 수 있다는 것을 증명하고 어떻게 할 수 있는지를 보여줄 계획이다. 그 첫걸음으로써, 우리는 반드시 세 가지의 기본적 전제를 바탕에 두어야만 한다.

첫째, 우리는 그것으로부터 만물이 생성되는 하나의 근본 물질 혹은 무형의 재료가 있다고 단언한다. 많은 요소로 구성되어 보이는 모든 것들이 사실은 한 가지 요소의 다른 발현일 뿐이다. 유기적이고 무기적인 자연에서 발견되는 많은 형태는 모두 같은 재료로부터 만들어진 다른 모습이다. 그리고 이 재료는 지능을 가진 무형의 재료이다. 그 재료는 생각하는 것의 모양을 만들고 형태를 생산해낸다. 생각이 무형의 재료 속에서 모양을 양산한다. 인간은 근원적으로 사색할 수 있는 능력을 갖춘 생각의 중심이다. 만약 인간이 자기 생각과 의사 소통할 수 있다면, 인간은 자신이 생각하는 것을 근본 물질로부터 창조 혹은 제작할 수 있다. 이를 요약하면 다음과 같다.

1. 만물의 근원이 되는 근본 물질이 있으며, 이 무형의 재료는 세상의 빈 곳을 가득 채우고도 남을 만큼 무한하다.

2. 형의 재료는 생각에 따라 영상화된 것을 양산한다.

3. 인간은 마음속에서 어떤 형태를 생각할 수 있고, 무형의 재료에 그 생각을 각인시킴으로써 그것이 창조되도록 할 수 있다.

당신은 내가 이 진술에 대해 세부적으로 들어가지 않고 증명할 수 있을지에 대해 의문을 가질지도 모른다. 나는 그렇게 할 수 있다, 연역적으로든 귀납적으로든 증명할 수 있다. 형태와 생각의 현상으로부터 거꾸로 추론함으로써 나는 나의 근원적인 생각의 물질에 도달한다. 그리고 이 생각의 물질로부터 진행해 나감으로써 나는 그의 생각대로 형태를 만들어내는 인간의 힘에 이르게 된다. 그리고 나의 추론은 경험에 의해서 증명되는데, 이것이 내가 제시하는 가장 강력한 증거다. 만약 이 책을 읽은 사람이 이 책이 말하는 바대로 행동하여 부자가 되었다면, 그것은 곧 나의 주장을 지지하는 증거다. 그리고 만약 이 책이 말하는 바대로 행동하는 모든 사람이 부자가 되었다고 한다면, 그것은 실행의 과정 중에 있는 누군가가 실패하기 전까지는 나의 주장이 계속 진실이라는 긍정적인 증거가 된다. 실패하기 전까지는 이 이론은 진실이다. 그리고 실패하는 일은 없을 것이다. 왜냐하면 이 책이 말하는 바대로 정확하게 행동하는 사람은 모두 부자가 되었기 때문이다.

나는 특정한 방식으로 행동하는 사람은 부자가 된다고 말했다. 그리고 그러기 위해서는 반드시 특정한 방식으로 생각할 수 있어야만 한다. 인간이 어떤 것을 행하는 방식은 그가 그것에 대해 생각하는 방식의 직접적인 결과다. 당신이 원하는 방식으로 행해지도록 하기 위해서는 당신이 원하는 방식으로 생각하는 능력을 길러야 한다. 이것이 부자가 되는 첫걸음이다. 당신이 생각하기 원하는 생각을 하기 위해서는 겉으로 드러난 현상과 관계없이 진실을 생각해야 한다. 모든 인간은 자신이 원하는 바대로 생각하는 본성과 타고난 능력을 지니고 있다. 그러나 그 능력을 발휘하기 위해서는 단지 겉으로 드러난 현상에서 암시되는 것들을 생각하는 것 이상의 훨씬 더 큰 노력이 필요하다. 현상에 따라 생각하기는 쉽다. 현상을 무시하고 진실을 생각하는 것은 고된 일이고, 인간이 하는 어떤 일보다도 더 많은 힘의 소비를 요구한다. 행동을 취할 때 움츠러드는 사람들은 대부분 지속적이고 영속적으로 생각하지 못하는데, 그것이 세상에서 가장 힘든 일이다. 진실이 현상과 정반대일 때 특히 더 그렇다. 가시적 세상의 모든 현상은 그것을 보는 마음속에서 부합된 형태를 생산하는 경향이 있다. 그리고 이런 경향은 오로지 진실을 움켜쥐려는 노력에 의해서만 방지될 수 있다. 병이라는 현상을 바라보는 것이 당신 자신의 마음속에, 궁극적으로는 당신 자신의 몸속에 병의 형태를 만들어낼 것이다. 당신이 병이 없다는 진실에 대한 생각, 즉 병은 현상일 뿐이고 사실은 건강하다는 생각을 움켜쥐고 있지 않는다면 그렇게 될 것이다.

가난이라는 현상을 바라보는 것이 당신 자신의 마음속에 그에 부합하는 형태를 만들어낼 것이다. 가난은 없다는 진실, 단지 풍요로움이 있을 뿐이라는 진실을 움켜쥐고 있지 않는다면 그렇게 될 것이다. 질병이라는 현상에 둘러싸여 있을 때 건강을 생각하는 것, 혹은 가난이라는 현상의 한가운데 빠져 있을 때 부유함을 생각하기 위해서는 힘이 요구된다. 그리고 이 힘을 얻는 자가 마음의 주인이 된다.

그는 운명을 정복할 수 있고 소망하는 것을 가질 수 있다. 이 힘은 오직 모든 현상의 배후에 숨어 있는 근본적 사실을 끌어안음으로써만 얻어질 수 있다. 그리고 그 근본적 사실은 하나의 근본 물질이 있고 그로부터 만물이 생성된다는 것이다. 그리고 우리는 이 무형의 재료 속에 보유된 모든 생각이 하나의 형태로 된다는 것, 그리고 인간이 그것에 자기 생각을 각인시킴으로써 형태가 갖추어지고 눈에 보이는 사물이 된다는 사실을 명심해야 한다.

이것을 깨달았을 때 우리는 모든 의심과 두려움에서 벗어날 수 있다. 왜냐하면 우리는 무엇이든 우리가 원하는 대로 창조할 수 있다는 것을 알기 때문이다. 우리는 무엇이든 원하는 것을 가질 수 있고 원하는 존재가 될 수 있다. 부자가 되는 첫걸음으로써 당신은 반드시 여기서 제시했던 세 가지 기본적 전제를 믿어야만 한다. 강조하기 위해 이를 다시 한번 반복해 보겠다.

1. 만물의 근원이 되는 근본 물질이 있으며, 이 무형의 재료는 세상의 빈 곳을 가득 채우고도 남을 만큼 무

한하다.

2. 무형의 재료는 생각에 따라 영상화된 것을 양산한다.

3. 인간은 마음속에서 어떤 형태를 생각할 수 있고, 무형의 재료에 그 생각을 각인시킴으로써 그것이 창조되도록 할 수 있다.


당신은 이 한 가지 원리 이외에 세상에 대한 모든 다른 개념들은 제쳐두어야 한다. 그리고 당신의 마음속에 이것이 확고하게 자리 잡고 생각이 습관화될 때까지 누누이 강조해야만 한다. 이 신조를 외우고 또 외워라. 모든 단어가 당신의 머리에 기억되고 당신이 그것들을 굳건히 믿게 될 때까지 숙고하라. 만약 당신에게 의심이 찾아오면, 그것이 죄악인 양 던져버려라. 이 사상에 반대하는 논리에 귀를 기울이지 말라. 이 사상에 반하는 강의를 듣지 말 것이며, 또 그런 설교를 하는 교회가 있다면 출석하지 말라. 다른 사상을 가르치는 잡지나 책을 읽지 말라. 만약 당신의 믿음이 흔들린다면 모든 노력이 물거품으로 변할 것이다. 왜 이것이 진실인지 묻지 말 것이며, 또한 그것이 어떻게 진실이 될 수 있는지에 대한 숙고도 하지 말라. 단지 믿음으로 써 받아들여라. 부자가 되는 과학은 이 신념을 절대적으로 받아들이는 것과 함께 시작된다.

부에 대한 욕망은 단지
삶이 추구하는 충만함의 크기를 나타내는 용량일 뿐이다.
모든 욕망은 발현되지 않은 가능성이
행동을 취하려고 하는 노력이다

# 생명의 **정당**한
## **05**
# **욕구**를 누려라

당신은 자신이 빈곤에 처하게 된 것은 신의 의지라거나 혹은 가난 속에서 사는 것이 신의 목적에 봉사하는 일이라거나 하는 등의 낡은 관념으로부터 해방되어야만 한다. 만물의 근원이며 만물 속에 존재하는 물질은 우리 안에도 존재한다. 그것은 살아 있는 물질이다. 살아 있는 물질로서 그 것은 틀림없이 모든 지능적 생명체가 가진, 생명을 증진하고자 하는 본성적이고 타고난 욕구를 지니고 있다. 모든 생명체는 반드시 생명의 확장을 지속해서 추구한다. 왜냐하면 삶의 단순한 행위만으로도 생명은 자신를 증진해야만 하기 때문이다. 땅에 떨어진 씨앗은 싹을 퇴운다. 그리고 삶의 행위 속에서 더욱 많은 씨앗을 생산한다. 삶에 의해 자신를 확장하는 것이다. 그것은 영원히 확장을 지속하고, 계속 존재하기 위해서 반드시 그렇게 해야 한다.

지능도 역시 살아 있는 물질과 같다. 생명체와 똑같은 필요성으로 지속적으로 증진해야 한다. 우리가 생각해낸 모든 사고는 필연적으로 또 다른 생각을 일으킨다. 의식은 지속해서 확장한다. 우리가 배운 모든 사실이 또 다른 사실을 배우도록 이끈다. 지식은 지속해서 증가한다. 우리가 익힌 모든 재능이 또 다른 재능을 익히도록 마음속에 욕망을 불러일으킨다. 우리는 더 많이 알고 더 많은 일을 하며 더 나은 존재가 되고자 하는 것으로 표출되는 삶의 충동에 의해 지배를 받는다.

더 많이 알고 더 많은 일을 하며 더 나은 존재가 되기 위해서, 우리는 반드시 더 많이 가져야만 한다. 우리는 오직 물질을 소비함에 의해서만 배우고 행하고 존재할 수 있기 때문에 그것을 반드시 소유하고 있어야만 한다. 우리는 반드시 부자가 되어야 한다. 그래야 삶을 증진할 수 있다. 부에 대한 욕망은 단지 삶이 추구하는 충만함의 크기를 나타내는 용량일 뿐이다. 모든 욕망은 발현되지 않은 가능성이 행동을 취하려고 하는 노력이다. 그것은 욕망을 일으키는 것들 을 추구하는 힘이다. 당신이 더 많은 돈을 원하게 하는 것은 식물이 성장하도록 만드는 힘, 즉 더 충만한 표현을 추구하는 생명의 힘이다.

살아 있는 물질은 모두 생명이 있는 동안 이 고유한 법칙에 지배를 받는다. 그것은 삶을 증진하고자 하는 욕망으로 가득하다. 이것이 사물을 창조할 필요성을 갖는 원인이다. 당신 속에 있는 하나의 물질이 삶을 증진시키고자 욕망하고 있으며, 그런 까닭에 그 물질은 당신이 할 수 있는 한 많은 것들을 소유하기를 원한다. 당신이 되어야 한다는 것은 조물주의 욕망이다. 당신을 통해 자신을 보다 더 잘 표현할 수 있기 위해 조물주는 당신이 부자가 되기를 원한다. 왜냐하면 당신이 얼마나 가졌는가에 따라 자신이 표현될 수 있는 범위가 결정되기 때문이다. 당신이 생명의 수단에 대한 무제한의 통제력을 가지고 있다면 조물주는 당신 안에서 더 잘 살아갈 수 있다. 세상은 당신이 갖고 싶어 하는 모든 것을 다 가지게 되기를 원한다.

자연은 우리의 계획에 우호적이다.
모든 것은 당신에게 자연스러운 것이다.
이것이 진실이라는 것을 마음속에 새겨라.

그렇지만 당신의 목적이 만물의 목적과 조화를 이루어야만 한다는 것은 필수적이다. 인생은 기능을 실행하는 것이다. 그 개인은 모든 기능, 즉 육체와 정신과 영혼의 기능을 너무 과도하지 않도록 능력껏 수행할 때 진정한 삶을 사는 것이다. 당신은 동물적인 욕망의 노예로 돼지처럼 살기 위해 부자가 되기를 원하는 것은 아니다. 하지만 모든 육체적 기능을 수행하는 것도 생명의 일부분이며, 정상적이고 건강한 신체의 충동을 부정하는 사람은 완전한 삶을 살지 못한다.

당신은 홀로 정신적 쾌락을 즐기고, 지식을 획득하고, 야망을 성취하고 타인을 무색케 하고 이름을 떨치기 위해 부자가 되기를 원하는 것은 아니다. 이 모든 것들도 생명의 정당한 일부분이다. 그러나 홀로 지적 쾌락만을 위해 사는 사람은 단지 부분적 생명을 가지고 있을 뿐, 결코 자신이 기대하는 온전한 만족감을 누리지는 못한다.

당신은 오로지 타인에게 베풀기 위해, 자신을 인류의 구원에 던지기 위해, 박애와 희생의 기쁨을 경험하기 위해 부자가 되기를 원하는 것은 아니다. 영혼의 기쁨 역시 생명의 일부분일 뿐이며, 그것이 생명의 다른 부분들보다 더 훌륭하다거나 고귀한 것도 아니다. 당신은 배가 고프면 먹고 마시고, 시기가 되면 결혼하기 위해 부자가 되기를 원할 것이다. 당신은 주변을 아름답게 꾸미고 먼 나라를 여행하고 정신을 수양하고 지능을 계발하기 위해 부자가 되기를 원할 것이다. 당신은 사람들을 사랑하고 선행을 베풀며 진실을 찾는 세상을 돕기 위해 부자가 되기를 원할 것이다.

그러나 극도의 이타주의는 극도의 이기주의보다 나을 것도 고귀할 것도 없다는 사실을 기억하라. 양쪽 모두 잘못이다. 신이 당신에게 원하는 것이 타인을 위해 당신 자신을 희생하는 것이라는 생각을 버려라. 그렇게 함으로써 신에게 기쁨을 주고 은총을 얻을 수 있다는 생각을 버려라.

신은 그런 종류의 것을 요구하지 않는다. 신이 원하는 것은 당신이 당신 자신을 위해, 또한 타인을 위해 최선을 다하는 것이다. 그리고 당신은 다른 어떤 방법보다도 당신 자신의 최선을 실현하는 것을 통해서 타인을 도울 수 있다. 당신은 오직 부자가 됨에 의해서 당신 자신의 최선을 실현할 수 있다. 따라서 부를 획득하는 일에 가장 우선적이며 최선의 가치를 두는 것은 올바르고 칭찬받을만한 일이다.

그럼에도 불구하고 물질에 대한 욕망은 모두를 위한 것임을 기억하라. 그것의 움직임은 모두의 생명을 증진하기 위한 것이어야만 한다. 그것이 어떤 생명에 해를 끼치는 일이 되어서는 안 된다. 왜냐하면 부와 생명을 추구하는 데에 있어서 만물은 동등하기 때문이다. 생명의 물질은 당신을 위해 물건을 만들어내는 것이지, 다른 사람으로부터 빼앗은 물건을 당신에게 주는 것이 아니다. 당신은 경쟁에 대한 관념에서 탈피해야 한다. 이미 만들어진 것과 경쟁하려고 들지 말고 당신이 창조해야 한다.

절대 다른 누군가의 것을 빼앗아서는 안 된다.

절대 억지로 흥정하려고 해서는 안 된다.

절대 사기를 치거나 편법을 이용해서는 안 된다.

일에 비해 보수를 적게 주면서 사람을 두어서는 안 된다.

절대 남의 재산을 탐내거나 부러운 눈으로 쳐다보면 안 된다. 그것 중에 당신이 갖지 못할 것은 아무것도 없으며, 그것들을 빼앗지 않고서도 모두 가질 수 있다. 당신은 경쟁자가 아니라 창조자가 되어야 한다. 당신이 소망하는 것을 가지게 될 것이지만, 당신이 그것을 갖게 될 때 다른 사람들이 지금보다 더 많이 가질 수 있는 방식으로 가져야 한다. 물론 경쟁에서 뛰어난 능력을 발휘해 아주 큰 부자가 된 인물들이 있다. 그러나 그들은 주로 산업의 성장기에 무의식적으로 인류의 발전과 조화를 이루었기 때문에 부자가 될 수 있었다. 록펠러나 카네기, 모건 등은 자신도 모르게 초월적 힘을 대신하여 산업의 체계화와 조직화를 이루어낸 사람들이었다. 그들이 경쟁 속에서 부정적인 면을 보여주긴 했지만, 인류 전체의 삶을 한 단계 진보시키는 데에 막대한 공헌을 한 것은 사실이다. 그리고 그들이 이루어 놓은 생산의 조직화를 뒤이어 새롭게 부자로 등장한 부류는 유통을 체계화하고 조직화한 사람들이었다. 지금 그들은 억만장자가 되었다. 처음에 그들은 창조자였다. 하지만 지금은 경쟁자로 전락했다.

그들은 마치 선사시대의 거대한 파충류와도 같다. 그들은 진화의 과정에서 필수적 부분을 담당했지만, 이제는 그들을 만들어낸 바로 그 힘에 의해서 멸종당하고 말 운명이다. 경쟁을 발판으로 모아진 부는 절대 만족스럽지도 않고 영원하지도 않다. 오늘은 내 것이지만 내일이면 다른 사람의 것이 될 수 있다. 만약 당신이 과학적이고 특정한 법칙에 따라 부자가 되고자 한다면, 경쟁에 대한 생각에서 완전히 벗어나야만 한다. 공급이 제한되어 있다는 생각은 단한 순간도 해서는 안 된다. 모든 돈이 은행이나 다른 사람에 의해 몰리고 통제된다고 생각하는 순간, 그리고 자기 자신을 이 과정에 개입시킴으로써 돈을 벌어야겠다고 생각하는 순간, 당신은 경쟁심 속에 빠져들게 되고 당신의 창조력은 일순간 사라지게 된다. 그리고 더 나쁜 것은, 그것이 일시적 소실에 그치는 것이 아니라 당신이 이미 진행하고 있는 창조적 행위들까지 억제하게 되는 것이 지구에는 수백 수천만 달러어치의 금이 매장되어 산들이 아직 개발되지 않은 채 남아 있다는 것을 알라. 만약 그것이 전부 없어지더라도 근본 물질로부터 당신이 필요로 하는 만큼 충분한 양이 창조될 것임을 알라. 만약 내일 당장 채굴할 수 있는 새로운 금광의 발견을 위해 천 명의 사람이 요구된다고 하더라도 당신에게 필요한 자금이 생길 것임을 알라.

결코 눈에 보이는 공급에만 신경 쓰지 말고, 무형의 재료 속에 존재하는 무제한의 부에 주의를 기울여라. 그리고 그것은 당신이 가능한 빨리 받아들이고 이용할수록 빨리 다가온다는 사실을 알라. 눈에 보이는 공급을 제쳐둔다면, 당신이 가지는 것을 방해할 수 있는 사람은 아무도 없다.

집을 지을 준비를 하기도 전에 빨리 서두르지 않는다면 가장 좋은 부지들을 모두 빼앗겨버릴 것이라고 생각하는 것은 어리석은 일이다. 그런 생각이 드는 것을 한순간도 허락하지 말라. 트러스트나 콤비네이션이 조만간 세계를 전부 소유하게 될 것이라는 공포에 사로잡혀 떨며 걱정하지 말라. 다른 누군가가 당신을 패배시킬 것이고, 그로 인해 소망하는 것을 **빼앗기게** 될지도 모른다는 공포에 시달리지 말라. 그런 일은 일어날 수 없다. 왜냐하면 당신이 소망하는 것을 다른 사람이 소유한 것에서 구하는 것이 아니라 무형의 재료로부터 창조된 것에서 구하는 것이기 때문이다. 공급은 무한하다. 다음의 전제에 전념하라.

1. 만물의 근원이 되는 근본물질이 있으며, 이 무형의 재료는 세상의 빈 공간을 가득 채우고도 남을 만큼 무한하다.
2. 무형의 재료는 생각에 의해 영상화된 것을 양산한다.
3. 인간은 마음속에서 어떤 형태를 생각할 수 있고, 무형의 재료에 그 생각을 각인시킴으로써 그것이 창조되도록 할 수 있다.

모든 사람들에게 당신이 그들로부터 받는
금전적 가치보다 더 많은 시용가치를 주라.
그러면 모든 사업적 거래를 통해
당신의 삶은 세상에 보템이 되는 인생이 된다.

## 부는 빼앗는 것이 아니라
## 06
## 창조하는 것이다

말은 전혀 흥정해서는 안 된다거나 다른 사람들과의 거래를 통해 주고받을 필요가 없다는 의미가 아니다. 그것은 단지 그들과 불공정한 교환을 할 필요가 없다는 의미다. 아무것도 주지 않으면서 어떤 것을 받아서는 안 되지만, 모든 이들에게 당신이 그들로부터 받는 것보다 더 많은 것을 줄 수는 있다.

물론 모두에게 당신이 그들로부터 받는 것보다 더 많은 금전적 가치를 지불할 수는 없다. 하지만 당신이 그들로부터 받는 것의 금전적 가치보다 더 큰 시용 가치를 그들에게 줄 수는 있다. 이 책을 만드는 데에 쓰인 종이, 잉크 등은 당신이 이 책을 구입하면서 지불한 가격보다는 낮은 금전적 가치를 지니고 있을 것이다. 그러나 만약 이 책에 제안하는 생각이 당신에게 수천 달러를 벌게 해준다면, 당신은 이 책의 판매인과의 거래에서 손해를 본 것이 아니다. 판매인들은 적은 금전적 가치로 아주 훌륭한 사용가치를 제공한 것이다.

문명화된 도시에서 수천 달러의 가치를 지닌 그림 하나를 내가 소유하고 있다고 가정해 보라. 나는 영업력으로 어느 에스키모를 설득하여 그림을 500달러의 값어치를 가진 모피와 교환한다. 이때 나는 잘못된 거래를 한 것인데, 왜냐하면 그 그림은 그에게 아무런 사용가치가 없으며 그의 인생에 아무런 보탬도 되지 않을 것이기 때문이다.

그러나 그에게 50달러짜리 총을 한 자루 주고 모피와 교환한다고 가정한다면 훌륭한 거래를 한 것이다. 총은 그에게 사용가치가 있으며, 그것은 더 많은 모피와 식량을 구할 수 있게 할 것이다. 그것은 여러 방면에서 그의 삶에 보탬이 될 것이고, 그를 부유하게 해줄 것이다.

경쟁에서 창조의 국면으로 전환할 때, 당신은 당신의 사업적 거래를 매우 엄밀하게 살필 수 있다. 만약 당신이 누군가에게 어떤 것을 판매할 때, 그것이 그가 당신에게 준 것 이상으로 그의 삶에 보탬이 되는 교환이 아니라면 거래를 중단할 수 있을 것이다. 당신은 사업을 하면서 그 누구에게도 피해를 주어서는 안 된다. 만약 다른 사람들에게 피해를 주는 사업을 하고 있다면, 즉시 그것을 그만두어야 한다.

모든 사람에게 당신이 그들로부터 받는 금전적 가치보다 더 많은 사용가치를 주라. 그러면 모든 사업적 거래를 통해 당신의 삶은 세상에 보탬이 되는 인생이 된다. 만약 당신에게 고용된 사람이 있다면, 그들에게 지불하는 임금보다 더 많은 금전적 가치를 그들로부터 얻어내야만 사업이 원활하게 이루어진다. 그러나 당신은 당신의 사업을 진보의 원칙으로 가득 차게 조직할 수 있다. 그렇게 함으로써 진보하기를 원하는 직원들 각자는 매일 조금씩 발전하게 될 것이다.

이 책이 당신에게 의도하는 것처럼 당신은 당신의 직원

들을 위한 사업을 만들어낼 수도 있다. 모든 직원이 스스로 부를 향해 오르는 일종의 사다리가 되도록 당신의 사업을 경영할 수 있다. 그리고 만약 기회가 주어졌을 때 붙잡지 않는 직원이 있다면 그것은 당신의 잘못이 아니다.

그리고 마지막으로, 당신의 모든 주위에 스며있는 무형의 재료로부터 부를 창조하는 동인이 되는 것은 당신이므로, 부가 허공에서 모습을 드러내어 갑자기 눈 앞에 펼쳐지는 일은 없다. 가령 당신이 재봉틀을 갖기를 원한다면, 나는 당신에게 방 안의 의자에서든 그 밖의 다른 곳에서든 재봉틀의 형상이 완전히 그려지기 전까지는 무형의 재료에 재봉틀에 대한 생각을 각인하지 말 것을 권한다. 만약 당신이 재봉틀을 원한다면 그것이 만들어지고 있다거나 곧 당신에게 올 것이라는 가장 긍정적인 영상을 마음속에 떠올려라. 일단 생각이 형성되면, 재봉틀이 다가온다는 절대 흔들리지 않는 확고한 신념을 가져라. 그것이 곧 도착할 것이라는 확신 이외에는 절대 다른 생각을 하거나 말하거나 하지 말라. 그것이 이미 당신의 것이라고 주장 하라. 초월적 힘이 당신에게 원하는 것을 가져다줄 것이다. 만약 당신이 메인 주에 살고 있다면 텍사스나 일본에서 거래를 제안하는 사람이 올 것이고, 그 결과 당신은 원하는 것을 얻게 될 것이다. 만약 그렇다면, 당신이 얻는 만큼 상대도 이득을 얻는 것으로 일이 진행될 것이다. 만물 안에는 근본 물질이 내재되어 있고 만물과 교류하면서 모두에 영향을 미칠 수 있다는 사실을 한순간도 잊지 말라.

인생을 보다 충만하고 풍요롭게 하기 위한 근본물질의 욕망이 이미 재봉틀들을 수없이 창조했으며, 앞으로도 수백만 대를 더 창조해낼 것이다. 그리고 특정 법칙에 따라, 의지와 신념을 갖고 행동하는 모든 곳에서 이런 일이 생겨날 것이다. 당신은 틀림없이 집안에 재봉틀을 한 대 가질 수 있다. 당신이 원하는 한, 그리고 당신 자신의 인생과 다른 사람의 인생을 증진시키기 위해 사용할 것을 확신하는 한, 당신은 원하는 것을 어떤 것이든 가질 수 있다.

당신은 더 많이 요구하는 것을 주저할 필요가 없다. 예수는 말했다.

"그대에게 왕국을 주는 것이 그대 아버지의 기쁨이로다."

근본 물질은 당신 안에서 살기를 원한다. 그리고 당신이 소유할 수 있는 한, 혹은 인생을 가장 풍요롭게 살기 위해 쓸 수 있는 한 모든 것을 갖게 되기를 원한다. 만약 부를 소유하고자 하는 당신의 생각이 더욱 완전한 발현을 위한 조물주의 욕망과 하나라는 사실을 강하게 의식하고 있다면 신념은 절대로 무너지지 않는다. 언젠가 작은 소년이 피아노 앞에 앉아 건반을 두드리며 맞지도 않는 음을 치고 있는 모습을 보았을 때, 그 소년은 제대로 음악을 연주할 수 없어서 슬프고 화가 난 것처럼 보였다. 내가 그에게 왜 슬퍼하느냐고 묻자 소년이 대답했다.

"내 안에 있는 음악을 느낄 수 있어요. 하지만 손으로 연주할 수가 없어요."

소년의 속에서 느껴지는 음악은 생명의 모든 가능성을 포함하고 있는 근본 물질의 자극에 의한 것이다. 음악으로 대표되는 모든 것이 이 아이를 통해 발현될 통로를 찾고 있는 것이다.

근본 물질은 인간을 통해 살고 일하고 즐기려고 시도한다. 그는 말한다.

나는 훌륭한 건축물을 짓고, 아름다운 음악을 연주하고,

우아한 그림을 그릴 손을 원한다. 심부름을 갈 발을 원하고, 나의 아름다움을 볼 눈을 원하며, 장엄한 진실과 멋진 노래를 부를 혀를 원한다."

가능성이 있는 모든 것이 인간을 통해 표현될 길을 찾고 있다. 조물주는 음악을 연주할 수 있는 이들이 피아노를 비롯하여 필요한 모든 악기를 갖게 되기를 원하고, 재능을 최대한 충분하게 발휘할 수 있는 수단을 갖게 되기를 원한다. 아름다움을 평가할 수 있는 이들이 아름다운 것들로 주위를 치장할 능력을 갖게 되기를 원한다. 진실을 깨달을 수 있는 이들이 여행하고 관찰할 기회를 갖게 되기를 원한다. 옷을 평가할 수 있는 이들이 아름다운 의상을 입고 미식가들이 호사스런 음식을 만끽하게 되기를 원한다.

이 모든 것을 원하는 이유는 조물주 자신이 그것들을 즐기고 감상하기 때문이다. 조물주는 연주하고, 노래하고, 미를 즐기고, 진실을 주장하고, 훌륭한 옷과 맛있는 음식을 먹고 싶은 것이다. 바울은 "너희의 의지와 행동을 관장하는 이가 바로 신이다"라고 말했다. 부를 향한 당신의 욕망은 피아노 앞의 어린 소년이 표현을 찾으려고 애쓰는 것처럼 조물주가 당신 속에서 스스로를 표현 하려는 것이다.

당신은 더 많이 요구하는 것을 주저할 필요가 없다.

신의 욕망에 초점을 맞추고 표현하는 것이 당신의 역할이다.

대부분의 사람이 이 점을 어려워하는데, 왜냐하면 가난과 희생이 신을 기쁘게 할 것이라는 낡은 관념에 얽매여 있기 때문이다. 그들은 가난을 신이 계획한 자연의 필수적인 하나의 요소라고 생각한다. 그들은 신이 자신의 일을 끝냈으며 만들 수 있는 것은 모두 만들었다고 생각한다. 그리고 대다수의 사람은 반드시 가난 속에 머물러 있어야만 한다고 생각하는데, 왜냐하면 주위에 가난 이외에 머물 곳이 충분하지 않다고 믿기 때문이다. 그들은 이런 잘못된 생각에 지나치게 빠져 있기 때문에 부자가 되게 해달라고 요구하는 일에 부끄러움을 느낀다. 그들은 가장 평범한 자산 이상은 원하지 않는다. 단지 불편함을 면할 정도면 충분하다.

한 학생에게 마음속에 스스로 원하는 물건의 선명한 그림을 그리기만 한다면 틀림없이, 그에 대한 창조적 생각이 무형 물질에 각인을 찍게 될 것이라고 말해준 적이 있다.

그는 매우 가난하여 월셋집에 살면서 하루하루 근근이 벌어 생활했다. 그는 모든 부가 그의 것이라는 사실을 받아들일 수 없었을 것이다. 그래도 그는 심사숙고한 끝에 월셋집의 방 마루에 깔 새 양탄자와 겨울 동안 집을 따뜻하게 해줄 난로를 요구하기로 결정했다. 그리고 그는 한 달이 채 지나지 않아 자신이 소망하던 물건들을 정말로 가지게 되었다. 그제야 그는 자신이 충분히 요구하지 않았다는 사실을 깨달았다. 그는 살고있는 집의 모든 부분에 대해 어떻게 개선하면 좋을지를 생각했다. 그는 마음속으로 이곳에 창문을 달고 저곳에 방을 만들어야 하겠다고 생각했다.

그의 마음속에 이상적인 집이 완성되자, 이번에는 가구를 어떻게 배치할지를 계획했다. 그는 마음속에 전체적인 그림을 새기고서 특정한 법칙에 따르는 삶, 원하는 것을 향해 움직이는 삶을 살기 시작했다. 그리고 이제 그는 마음속에 새겨진 집을 갖게 되었다. 계속해서 그는 더 큰 신념을 갖고 더 큰 것들을 얻기 위해 노력하고 있다. 그것은 그가 신념으로 이룬 일이며, 우리가 모두 그와 같은 일을 이룰 수 있다.

감사의 법칙은 다른 사람은 여전히 가난한데
당신만 부자가 되었다는 이유로 느낄 수 있는
죄의식에서 벗어나도록 해준다.

# 감사는 **관계**를
## 07
# **영속시키**는 힘이 있다

앞장에서 나는 부자가 되기 위한 첫 번째의 단계가 무형의 재료에 당신이 얻고자 원하는 것에 대한 생각을 전달하는 것이라고 밝혔다. 이것은 진실이며, 그렇게 하기 위해 당신은 조화로운 방식으로 무형의 재료와 필수적인 관계를 맺어야 한다. 조화로운 관계를 굳건히 하는 것은 매우 기본적이고 지극히 중요한 문제이므로 이에 대한 논의를 위해 잠시 지면을 할애하려 한다. 만약 당신이 이 가르침들을 따른다면, 확실히 신과 정신적으로 완벽하게 합일되는 느낌이 들게 될 것이다.

정신적 조화와 조율의 전체 과정은 '감사'라는 한마디로 요약될 수 있다.

그 과정은 첫째, 모든 사물의 진행을 주관하는 하나의 '근본 물질'이 존재한다는 것을 믿는다. 둘째로 당신이 요구하는 모든 것을 이 근본 물질이 준다는 것을 믿는다. 그리고 셋째, 마음속 깊이 감사하는 느낌으로 이 근본 물질과 당신 자신을 연결한다. 도대체 감사의 느낌을 갖는 것이 무슨 법칙이 될 수 있는가 하고 의아해하는 사람이 있을지 모른다. 하지만 이것은 부자가 되기 위해서 따라야 할 법칙이다.

감사의 법칙은 다른 사람은 여전히 가난한데 당신만 부자가 되었다는 이유로 느낄 수 있는 죄의식에서 벗어나도록 해준다. 또한 감사의 법칙은 부자가 되는 길에 정신적으로 완전히 집중할 수 있도록 돕는 기능도 가지고 있다. 감사의 결핍으로 여전히 빈곤 속에서 살아가는 사람들이 너무도 많다. 그들은 무형의 재료로부터 한 가지 선물을 받고는 그에 대한 감사의 표시를 소홀히 함으로써 무형의 재료와의 연결 고리를 끊어버린 것이다. 우리가 부의 원천에서 더욱 가까이 살수록 부를 얻기가 더 쉬워진다는 사실은 이해하기 쉽다. 그리고 항상 누군가에게 감사하는 영혼이 감사의 표시를 전혀 하지 않는 영혼보다 그와 더 가까이 접촉한다는 사실도 역시 이해하기 쉽다.

우리에게 좋은 일이 다가올 때, 그것을 다가오게 하는 어떤 힘에 대해 더 깊은 감사의 마음을 간직할수록 그것은 더 많이 더 빨리 다가올 것이다. 그 이유는 간단한데, 감사하는 태도는 그 축복을 가져오는 원천과 더욱 가까이 접촉하도록 마음을 이끌기 때문이다.

만약 감사가 세상의 창조적 에너지와 당신의 전체 마인드를 조화시키는 매개체라는 사실이 낯설게 느껴진다면, 잘 생각해보라. 그것이 진실이라는 것을 깨닫게 될 것이다. 당신이 이미 소유하고 있는 좋은 물건들은 특정한 법칙이 만든 길에 따라 당신에게 오게 된 것이다. 감사는 그 특정한 법칙에 따르도록 당신의 마음을 이끌었을 것이다. 그리고 감사는 당신으로 하여금 창조적 생각에 집중하고 경쟁적 생각에서 멀어지도록 도와준다.

오직 감사만이 당신이 모든 것을 볼 수 있도록 해주고,

부의 공급이 제한적이라는, 당신의 희망을 꺾는 치명적이고 잘못된 생각에 빠지지 않도록 해준다. 감사의 법칙이 있고, 이는 원하는 결과를 얻고자 한다면 절대적으로 준수해야 하는 법칙이다.

감사의 법칙은 주는 것과 받는 것이 항상 등가이며 방향은 반대라는 성질을 갖는 원리다. 마음으로부터 초월자를 향해 뻗는 감사의 손길은 에너지의 방출 혹은 확장이다. 그것은 틀림없이 목적지에 도달하고, 당신을 향해 즉각적인 반응이 돌아온다.

"신을 가까이하라. 그러면 신도 당신을 가까이할 것이다." 이 문구는 심리학적으로 진실이다.

그리고 만약 당신의 감사가 강하고 지속적이면 무형의 재료가 드러내는 반응도 강하고 지속적일 것이다. 당신이 원하는 것들이 당신을 향해 움직일 것이다. 예수의 감사하는 태도를 주목하라. 그는 항상 말하곤 했다.

"아버지시여, 내게 귀를 기울이시는 당신께 감사드립니다."

당신은 감사 없이는 많은 힘을 발휘할 수 없다. 왜냐하면 당신을 힘과 연결하는 고리가 바로 감사이기 때문이다. 감사의 가치는 단지 미래에 대한 더 많은 축복을 얻는 것에만 한정되지 않는다. 감사의 마음이 없이는 현재의 모습에 대한 불만족스러운 생각으로부터 당신을 지킬 수 없다.

현재의 모습에 불만족스러운 마음이 생기도록 허락하는 순간, 당신은 부자가 될 바탕을 상실하고 말 것이다. 그 순간 당신은 평범하고 궁핍하고 미천한 것에 집착하게 된다. 그리고 당신의 마음은 이러한 것들의 형태로부터 벗어나지 못한다. 그러면 당신은 무형의 재료에 그런 형태나 이미지를 전달하게 되고, 결국 평범하고 궁핍하고 미천한 것이 당신에게 다가오게 될 것이다.

저급한 것에 마음을 허락하는 것은 당신 자신을 저급한 존재가 되게 하고 저급한 것에 둘러싸이게 한다. 반면에 최고에 집중하는 것은 당신 스스로를 최고의 것으로 둘러싸이게 하고 최고의 존재가 되게 한다. 우리 안의 창조적 힘은 우리가 집중하고 있는 이미지로 우리를 만든다. 우리는 생각하는 물질이고 생각하는 물질은 언제나 생각하는 바의 형태를 취한다.

감사하는 마음은 지속적으로 최고의 것에 고정되도록 만든다. 그럼으로써 최고가 되려는 경향으로 최고가 가진 형태와 특징을 취한다. 그리고 최고를 받게 될 것이다. 또한 신념은 감사의 산물이다. 감사하는 마음은 지속적으로 좋은 것들을 기대하게 하고, 기대는 신념으로 발전한다. 누군가의 마음속에서 감사의 반응으로 신념이 생산된다. 그리고 밀려오는 감사의 물결은 신념을 증가시킨다. 감사를 느끼지 못하는 사람은 살아 있는 신념을 오래 유지할 수 없다. 그리고 살아 있는 신념 없이는 창조적 방식으로 부자가 될 수 없다. 이에 대해서는 다음 장에서 보게 될 것이다. 그러므로 당신에게 찾아오는 모든 좋은 것에 감사하는 습관을 기르는 것, 그리고 쉬지 않고 감사히는 것은 필수적이다.

그리고 모든 것이 당신의 진보에 공헌하는 것이므로 당신의 감사 속에 모든 것을 포함시켜야만 할 것이다. 재벌이나 부호들의 잘못된 행동이나 단점에 대해 생각하거나 이야기하는 것으로 시간을 낭비하지 말라. 그들이 세상을 조직화했기 때문에 당신에게 기회가 생기는 것이다. 당신이 가진 모든 것은 그들로부터 나온 것이다. 부패한 정치인들에 대해 화내지 말라. 만약 그들이 정치하지 않았다면 우리는 무정부 상태에 빠졌을 것이고 당신의 기회는 엄청나게 줄었을 것이다. 우리가 있는 지금의 정치 및 경제적 상황에 이르기까지 조물주는 오랜 시간 매우 참을성 있게 작업해왔다. 그리고 조물주는 계속 올바른 방향으로 작업할 것이다. 재벌이나 거물, 산업계의 지도자, 정치가들이 필요가 없어지는 대로 빨리 처리할 것임을 조금도 의심치 않는다. 그렇지만 그들은 모두 아직 쓸모가 있다. 당신이 갖게 될 부도 그들이 도움을 준 전달 통로를 따라 오게 될 것임을 명심하라. 그리고 그들 모두에게 감사하라. 이것이 당신이 모든 좋은 것들과 조화로운 관계를 맺게 할 것이다. 그리고 그 모든 것들이 당신을 향해 움직이도록 만들 것이다.

감사의 법칙은 경쟁의 마인드 속에서는 발휘될 수 없다. 감사의 법칙을 실행함으로써 부자가 되고자 한다면 당신은 반드시 창조의 마인드를 가져야만 할 것이다. 이것이 이 책이 제시하는 또 하나의 기본적 전제다.

1. 근원이 되는 근본 물질이 있으며, 이 무형의 재료는 세상의 빈 곳을 가득 채우고도 남을 만큼 무한하다.

2. 무형의 재료는 생각에 의해 영상화된 것을 양산한다.

3. 인간은 마음속에서 어떤 형태를 생각할 수 있고, 무형의 재료에 그 생각을 각인시킴으로써 그것이 창조되도록 할 수 있다.

4. 이를 위해서는 반드시 경쟁의 마인드를 창조의 마인드로 바꾸어야 한다.

항해사는 선박을 운항할 때
미리 가야할 항구의 방향을 마음속에 명확히 새기고 있다.
그처럼 당신도 마음속에 지속적으로
명확한 그림을 그리고 있어야만 한다.

# **마음**의 부자가
## 0 8
# 물질의 **부자**가 된다

6장으로 되돌아가서 자기가 원하는 집의 이미지를 형상화한 남자의 이야기를 다시 읽어보라. 부자가 되는 최초의 단계에 대한 정확한 생각을 갖게 될 것이다. 당신은 반드시 원하는 것에 대한 명확하고 구체적인 그림을 머릿속에 그려보아야만 한다. 당신 스스로 그 명확한 그림을 갖지 않는다면 하나의 생각을 전달할 수 없다.

당신은 그것을 보내기 전에 반드시 갖고 있어야만 한다. 많은 사람이 근본 물질에 각인을 새기는 일에 실패한다. 왜냐하면 그들은 자신이 하고 싶은 것, 갖고 싶은 것, 되고 싶은 것에 대해 모호한 개념만을 갖고 있기 때문이다.

당신이 '좋은 일을 위해' 부자가 되고자 하는 일반적인 욕망을 가지고 있다면, 그것만으로는 충분하지 않다. 그런 욕망은 누구나 갖고 있는 것이다. 여행하고 구경하고 장수하고 싶다는 등의 바람만으로는 충분하지 않다. 그런 바람도 역시 누구나 갖고 있다. 만약 당신이 친구에게 무선메시지를 보낼 것이라면 아마도 글자를 알파벳 순으로 보내 상대가 스스로 글자를 조합하여 읽으라고 하지는 않을 것이며, 사전에서 무작위로 축출한 단어들을 보내지도 않을 것이다. 당신은 조리 있고 어떤 의미를 담은 문장을 써 보낼 것이다. 근본 물질에 당신이 원하는 각인을 새기려 할 때도 마찬가지다. 당신은 어떤 것에 대해 조리 있는 문장을 보내야 하고, 그렇게 하기 위해서는 스스로 원하는 것이 무엇인지 알고 확실히 정의를 내릴 수 있어야만 한다. 확실치 않은 형태의 소원이나 모호한 욕망을 보내는 것으로는 결코 부자가 되거나 창조적 힘을 작동시킬 수 없다.

앞서 설명했던 그 사람이 자신의 집을 주의 깊게 검토했던 것처럼 당신의 욕망에 대해 생각하라. 당신이 원하는 것이 무엇인지 보고, 그것을 가지게 되었을 때를 보듯이 마음 속에 명확한 그림을 그려라.

항해사는 선박을 운항할 때 미리 가야 할 항구의 방향을 마음속에 명확히 새기고 있다. 그처럼 당신도 마음속에 지속적으로 명확한 그림을 그리고 있어야만 한다. 매 순간 그곳을 바라보고 있어야만 한다. 당신은 항해사가 나침반 보는 것을 한시도 잊지 않는 것처럼 결코 그 그림을 잊어서는 안 된다.

이를 위해 집중적으로 훈련을 받을 필요는 없다. 기도나 증언을 위해 특별한 시간을 할애할 필요도 없다. 묵상에 들거나 어떤 종류의 기행을 행할 필요도 없다. 물론 그런 것도 좋겠지만 당신에게 정말로 필요한 것은 원하는 것이 무엇인지 알고 그것이 생각 속에 계속 머물도록 집중하는 것이다.

당신이 할 수 있는 틈틈이 당신의 그림을 심사숙고하라. 그러나 진정으로 자신이 원하는 것에 마음을 집중하기 위해 훈련해야 할 필요가 있는 사람은 아무도 없다. 그것에 집중하는 데 특별한 노력이 요구되는 것이 라면, 그것은 당신이 진정으로 소중하게 여기는 것이 아니라는 것을 의미한다. 그리고 만약 당신이 진정으로 부자가 되고자 원하지 않는다면, 나침반의 바늘을 고정시키는 극점의 자력처럼 당신의 생각을 그 목적을 향해 고정시킬 만큼 욕망이 충분히 강하지 않는다면, 굳이 이 책에서 제시하는 지침들을 애써 이행할 필요가 없다.

여기에 제시된 방법들은 정신적 게으름과 안이함을 극복할 만큼 부자가 되고픈 욕망이 충분히 강한 사람들을 위한 것이다. 마음속에서 원하는 것에 대한 그림을 더 뚜렷하고 확고하게 그릴수록 당신은 그것에 대해 더 많이 생각하게 되고, 그것은 한층 섬세하게 다가오면서 당신의 욕망은 더욱 강해질 것이며, 욕망이 더욱 강해질수록 당신의 정신을 원하는 그림에 집중시키는 것이 더욱 쉬워질 것이다.

그러나 단지 명확한 그림을 보는 것보다 더 필수적인 것이 있다. 만약 마음속에 그림을 그리는 것이 전부라면 당신은 단지 몽상가에 지나지 않으며, 성취를 위한 힘을 가질 수 없을 것이다. 당신의 명확한 비전은 손만 뻗으면 잡을 수 있는 현실적 목표가 되어야만 한다.

그리고 이 목표는 그것이 이미 당신의 것이라는 불요불굴의 신념이 되어야만 한다. 물리적으로 새 집에서 살기 이전에 이미 정신적으로 그 집에서 살고 있어야 한다. 정신의 왕국에서 먼저 당신이 원하는 것들을 마음껏 즐겨라.

예수는 말했다.

"기도할 때 그대가 무엇을 요구하든 받을 것이라고 믿는다면, 그대는 그것을 갖게 될 것이다."

당신이 원하는 것이 당신의 곁에 실제로 있다고 생각해보라. 당신을 소유주로 여기고 그것을 사용해보라. 그것을 실제로 갖게 되었을 때처럼 상상 속에서 그것을 마음껏 사용해보라. 마음속의 그림이 명확하고 뚜렷해질 때까지 생각하라. 그런 다음 그 그림 속의 모든 것에 대해 정신적으로 주인의 태도를 견지하라. 마음속에서 그것이 실제로 당신의 소유라는 강한 신념을 가져라. 이 정신적 주인의식을 견고히 하고 그것이 현실이라는 신념이 한순간도 흔들리게 해서는 안 된다.

그리고 앞 장에서 이야기한 감사의 법칙을 기억하라. 매 순간 당신이 바라는 것들이 형태를 갖게 된 듯이 감사하

라. 상상 속에서 소유한 것에 대해서도 감사할 줄 아는 이가 진정으로 신념을 가진 사람이다. 그 사람은 부자가 될 것이다. 그 사람은 원하는 것이 무엇이든 창조해낼 것이다. 당신이 원하는 것을 위해 반복적으로 기도를 할 필요는 없다. 그것에 대해 매일 조물주에게 이야기할 필요는 없다.

예수가 제자들에게 말했다.

헛되이 되뇌지 말라. 아버지께서는 너희가 요구하기 전에 이미 필요한 것이 무엇인지 알고 계신다.

당신이 할 일은 더 풍부한 인생을 만드는 것들에 대한 당신의 욕망을 분명하게 하는 것이고, 이 욕망을 전체적인 모습으로 명확하게 정리하는 것이다. 그런 후에 당신이 원하는 것을 얻게 해줄 의지와 힘을 가진 근본 물질에 이 전체적인 욕망을 각인하는 것이다.

당신은 무수한 단어를 반복함에 의해 각인을 새기는 것이 아니다. 당신은 그것을 성취하기 위한 흔들림 없는 목적과 신념으로 이루어진 비전을 확고하게 함으로써 각인을 새기는 것이다. 기도에 대한 응답은 당신의 말에 따르는 것이 아니라 당신의 행동에 따르는 것이다.

당신은 특별한 날에 원하는 바를 말하고 평상시에는 잊어 버리는 것으로 조물주의 마음에 각인을 새길 수 없다. 당신이 독방에 들어가 기도를 하는 특별한 시간을 갖는다고 해도 기도의 시간이 다시 올 때까지 그것을 마음속에 간직하지 않는다면 조물주의 마음에 각인을 새길 수는 없다.

기도를 읊조리는 것이 비전을 명확히 하고 신념을 강화시켜 줄 수는 있겠지만, 당신이 원하는 것을 가져다주는 것은 그러한 탄원이 아니다. 부자가 되기 위해 필요한 것은 기도의 시간이 아니라 그치지 않는 생각이다. 나는 기도가 필요하다고 말한다. 당신은 기도에 의해 비전을 견고하게 만들 수 있다. 또 한 그것을 이루어낼 수 있다는 신념을 확고하게 만들 수 있다.

"당신이 그것들을 받게 될 것이라고 믿어라."

당신의 비전이 명확하게 형태를 갖추었다면, 문제는 그것을 어떻게 얻을 것인가로 바뀐다. 이제 근본 물질에게 기원의 말을 할 수 있다. 그 순간 당신이 요청한 것을 먼저 마음속에서 받아야만 한다. 마음속에서 새집에 살고 좋은 옷을 입고 새 차를 타고 여행을 떠나고 훌륭한 여행들을 명확하게 계획한다. 당신이 요구한 모든 것에 대해 실제로 주인이 된 것처럼 생각하고 말하라. 정확히 당신이 원하는 환경과 재정적 상태를 상상하라. 그리고 그 환경과 재정적 상태 속에서 매순간을 살아라. 그러나 이것을 단순한 공상으로 만들어서는 안 된다. 상상이 현실화된다는 믿음을 견고히 하고 그것을 실현하고자 하는 목표를 확고히 하라.

과학자와 몽상가의 차이점은 상상의 유용성에 대한 신념과 목표에 있다는 사실을 기억하라. 그리고 이 사실을 배웠다면 다음으로 적절하게 의지를 활용하는 방법을 배워야만 한다.

당신의 의지나 생각 혹은 정신이 자신을 벗어나
다른 사물이나 사람에게 '강요' 하지 않도록 하라.

# 나 이외의 **타인**에게
## 09
# 의지를 **강요치** 말라

과학적 방법으로 부를 획득하려 할 때, 당신은 당신 자신이 아닌 다른 어떤 것에 대해서도 당신의 의지력을 사용해서는 안 된다. 당신은 어떤 식으로든 그럴 권리를 갖고 있지 않다. 다른 사람으로 하여금 당신이 원하는 방향으로 행동하게 하려고 당신의 의지를 다른 사람에게 강요하는 것은 잘못이다. 정신적 힘으로 사람을 지배하려는 것은 육체적 힘으로 그들을 억압하는 것만큼이나 지극히 나쁜 짓이다. 물리적 힘으로 억압하는 것이 사람들을 노예로 만드는 것이라면 정신적 수단으로 그들을 억압하는 것 역시 똑같은 결과를 가져온다. 단지 차이가 있다면 방법이 다를 뿐이다. 물리적 힘으로 사람들로부터 물건을 빼앗는 것이 강탈이라면 정신적 힘으로 물건을 빼앗는 것 역시 강탈이다. 원리적으로는 아무런 차이가 없다.

비록 '그 자신에게 좋은 일'이라고 해도, 다른 사람에게 당신의 의지력을 사용할 권리가 당신에게는 없다. 왜냐하면 그에게 정말로 이로운 것이 무엇인지 당신은 알 수 없기 때문이다. 부자가 되는 과학은 다른 사람에게 어떤 식으로든 힘이나 권력을 사용하도록 요구하지 않는다. 그렇게 할 필요성이 전혀 없다. 실제로 다른 사람에게 당신의 의지력을 사용하려는 시도는 단지 당신의 목표를 좌절시키는 결과만 가져올 것이다.

당신은 어떤 물건이 당신에게 오도록 강제하기 위해 당신의 의지력을 사용할 필요가 없다. 그것은 단순히 조물주를 지배하려는 시도이며, 불손할 뿐만 아니라 어리석고 쓸모없는 일이다. 당신이 의지력으로 태양을 떠오르게 할 수 없는 것처럼, 당신이 신에게 좋은 것을 달라고 억지로 강요해서는 안 된다. 당신은 불경스러움을 억누른다든지 고

집스럽고 반항적인 힘을 굴복시키기 위해 당신의 의지력을 사용해서는 안 된다.

근본물질은 당신에게 우호적이며, 당신이 갖고자 원하는 것보다 훨씬 더 많은 것을 주고 싶은 갈망에 차 있다. 부를 얻기 위해 당신은 단지 당신 스스로에게 의지력을 사용할 필요가 있다. 당신이 무엇을 생각하고 있으며 어떻게 행동해야 하는지 알고 있다면, 이를 올바르게 실현하기 위한 방향으로 당신 자신을 강제하도록 의지력을 사용해야만 한다. 그것이 당신이 원하는 것을 얻기 위한 합법적인 의지의 사용법이다. 그럼으로써 당신 자신을 올바른 길로 인도할 수 있다. 특정한 법칙에 따라 생각하고 행동하도록 강제할 수 있게 당신의 의지력을 사용하라.

당신의 의지나 생각 혹은 정신이 자신을 벗어나 다른 사물이나 사람에게 '강요'하지 않도록 하라. 당신의 정신을 제자리에 있게 하라. 그것은 제자리에 있을 때 성과를 발휘할 수 있다. 당신이 원하는 것에 대한 생각을 형상화하고 신념과 목표로써 그 비전을 지키기 위해 당신의 정신을 사용하라. 그리고 당신의 정신이 올바른 길로 향하도록 의지력을 사용하라.

신념과 목표가 더욱 견고하고 지속적일수록 부자가 되는 속도는 더욱 빨라진다. 당신의 의지는 단지 무형의 재료 위에 긍정적인 각인을 새기는 역할을 할 뿐이다. 그런데 당신의 의지가 부정적 각인을 새김으로써 긍정적 각인을 감퇴시키거나 무효화해서는 안 된다.

당신의 신념과 목표로 새겨진 욕망의 그림은 무형의 재료에 의해 받아들여진다. 그리고 그것들은 널리 세상에 스며든다. 이 그림이 널리 퍼짐으로써, 이의 실현을 위해 모든 것이 움직이도록 배치된다. 모든 생물과 무생물 그리고 아직 창조되지 않은 것들까지 당신이 원하는 것을 향해 꿈틀거린다. 모든 힘이 그 방향으로 발휘되기 시작한다. 모든 것들이 당신을 향해 움직이기 시작한다. 어떤 곳에 있든, 사람들의 정신은 당신 이 갈망하는 것을 충족시키기 위해 필요한 일에 감응한다. 그 들은 무의식적으로 당신을 위해 일한다.

그러나 당신이 무형의 재료에 부정적인 각인을 찍기 시작하면 이 모든 것들이 저지될 수도 있다. 신념과 목표가 당신을 위해 모든 것이 움직이게 만들었던 것처럼 의심이나 불신은 그것들이 당신에게서 멀어지게 만들 것이 확실하다. 부자가 되는 '정신과학'을 활용하기 위해 노력하는 사람들 가운데 실패하는 사람들은 대부분 이것을 이해하지 못하기 때문이다.

의심과 두려움의 눈길을 보내는 매 순간, 걱정으로 보내는 매 순간, 불신에 사로잡혀 있는 매 순간마다 근본 물질은 모든 영역에서 당신에게서 멀어진다. 약속은 그것이 이루어지리라 믿는 자들에게만 이루어진다. 이렇게 예수는 믿음의 중요성을 강조했으며, 지금 당신은 그 이유가 무엇인지 알고 있다. 믿음이 그만큼 중요한 까닭에 당신은 당신의 생각을 잘 보호할 필요가 있다. 믿음은 사물에 대해 관찰하고 생각한 것에 의해 그 범위가 결정되므로 집중하고 주의를 기울여야 한다는 점은 대단히 중요하다.

그리고 여기서 의지의 효용성이 나온다. 왜냐하면 당신이 무엇에 집중하고 주의를 기울일 것인지를 결정하는 것은 바로 의지이기 때문이다. 만약 당신이 부자가 되기를 원한다면, 결코 가난을 연구해서는 안 된다.

반대의 것을 생각함으로써 원하는 것을 얻을 수는 없다. 건강은 결코 질병에 대해 생각하고 연구함으로써 얻어지는 것이 아니다. 죄에 대해 생각하고 연구하는 것으로 정의가 바로 서지는 않는다. 그리고 빈곤에 대해 생각하고 연구함으로써 부자가 된 사람은 지금까지 없었다. 병의 과학으로써 의학은 질병을 증가시켰다. 죄의 과학으로써 종교는 죄를 확장시켰다. 빈곤에 대한 연구로써 경제학은 세상을 비참하고 열악하게 만들 것이다.

빈곤에 대해 말하지 말라. 그것을 연구하지도 말고, 빈곤해 질까 봐 걱정하지도 말라. 결코 빈곤의 원인에 대해 생각하지 말라. 당신이 할 일은 아무것도 없다. 당신이 걱정해야 할 것은 빈곤의 극복이다. 자선이나 자원봉사에 시간을 소비하지 말라. 모든 자선은 뿌리 뽑아야 할 비참함을 지속시키는 경향이 있을 뿐이다.

도움의 손길을 요청하는 소리에 귀를 막는 무자비하고 불친절한 인간이 되라고 말하는 것이 아니다. 단지 상투적인 방식으로 가난을 박멸하려 해서는 안 된다는 것이다. 빈곤, 그리고 빈곤과 관련된 모든 것을 제쳐두고 당신의 길을 가라. 부자가 돼라. 그것이 당신이 가난한 사람들을 도울 수 있는 가장 최선의 방법이다.

마음속에 빈곤의 그림을 담고 있다면, 당신은 부자가 되는 데에 필수적인 정신적 영상을 지킬 수 없다. 빈민촌의 열악한 환경이나 아동 노동력의 착취 등에 관한 설명이 담긴 책이나 글을 읽지 말라. 비참과 고통의 어두운 영상을 마음에 담게 만드는 어떤 것도 읽지 말라. 당신이 그러한 사실들에 대해 알게 된다고 해서 가난한 사람들에게 도움을 줄 수 있는 것은 아니다. 즉 열악한 환경에 대한 폭넓은 지식이 모두를 빈곤에서 벗어나도록 이바지하는 것은 아니다. 당신의 마음에 빈곤의 그림을 그리는 것이 아니라 가난한 사람들의 마음에 부의 그림을 그림으로써 빈곤과 멀어질 수 있는 것이다.

당신의 마음에 비참함의 영상을 가득 채우기를 거부한다고 해서, 당신이 가난한 사람들을 불행 속에 버려두는 것은 아니다. 빈곤은 빈곤에 대해 생각하는 사람들이 증가함으로써 해결되는 것이 아니라 부자가 되고자 하는 신념과 목표를 지닌 가난한 사람들이 증가함으로써 해결될 수 있다.

가난은 자선을 필요로 하지 않는다. 그들에게는 영감이 필요하다. 자선은 단지 그들에게 빵 한 조각을 주고 한두 시간 자신의 처지를 잊도록 여흥을 베푸는 것으로써, 그들이 계속 비참한 삶을 살게 버려두는 것이다.

그러나 영감은 그들이 비참함 속에서 일어나도록 만들 것이다. 만약 당신이 가난한 사람들을 돕고자 한다면, 당신 스스로 부자가 됨으로써 그들도 역시 부자가 될 수 있다는 가능성을 증명하는 것이 최선의 방법이다. 이 세상에서 빈곤이 자취를 감추게 할 유일한 방법은 이 책 의 말하는 바를 실천하는 사람들의 숫자가 점점 더 지속적으로 증가하는 것뿐이다.

사람들은 반드시 경쟁에 의해서가 아니라 창조에 의해서 부자가 된다는 사실을 배워야만 한다. 경쟁에 의해 부자가 된 사람들은 모두가 자신이 올라온 사 다리를 발로 차서 다른 사람들이 올라오지 못하게 한다. 그러나 창조에 의해 부자가 된 사람들은 그를 따르는 수천 명을 위 해 길을 열어주고 그들에게 그렇게 할 수 있다는 영감을 준다.

빈곤에 대한 연민을 거부한다고 해서, 그것에 대해 보거나 읽거나 하지 않는다고 해서, 또는 말하거나 생각하지 않고 귀를 기울이지 않는다고 해서 당신이 냉정한 사람으로 비춰지는 것은 아니다. 빈곤에 대한 생각을 털어내고 당신이 원하는 영상에 대한 신념과 목표를 마음속에서 확고하게 새기기 위해 당신의 의지력을 사용하라.

세상을 향해 당신이 할 수 있는 최선의 일은
당신 자신을 최고로 만드는 것이다.

# 긍정은 모든
## ─── 10 ───
## 성공의 **부모**다

 

외적으로든 내적으로든 반대의 그림에 계속 주의를 돌린다면 당신은 부에 대한 참되고 명확한 비전을 유지할 수 없다. 과거 재정적 상태로 인해 곤란을 겪은 일이 있었더라도 그에 대해 언급하지 말라. 그것에 대해 아예 생각하지도 말라. 부모의 가난이나 어린 시절 어려웠던 생활에 대해서도 말하지 말라. 잠시라도 당신 자신을 빈곤계층으로 분류되지 않도록 하라. 그것은 당신을 향해 부가 움직이는 것을 방해할 것이다. 예수는 말했다.

"죽은 자들은 땅에 묻히도록 내버려 두라."

빈곤, 그리고 빈곤과 관련된 모든 것들은 완전히 제쳐두라. 당신은 세상이 정당한 존재라는 이론을 받아들였고, 그 정당한 존재 속에서 행복을 위한 모든 희망을 걸었다. 그런데 이제서 갈등의 이론에 눈길을 돌려 무엇을 얻겠는가? 세상이 곧 종말을 맞을 것이라고 말하는 종교 서적을 읽지 말라. 세상이 악마의 손아귀에 들어갈 것이라고 말하는 허위적이고 비관적인 철학자들이 쓴 것을 읽지 말라. 세상은 악마의 손아귀에 들어가지 않을 것이다. 세상은 조물주의 손에 있을 것이다. 세상은 더 좋아질 것이다.

인정하기 어려운 일들이 벌어지는 것은 사실이지만 지나가 버릴 것이 확실한 것들을 연구하는 것은 아무런 소용이 없다. 성장 진화에 의해 제거될 것들에 집중하여 시간을 낭비할 이유가 무엇인가. 당신은 당신의 영역에서 성장 진화를 촉진시킴에 의해서만 그들의 제거를 앞당길 수 있다. 어느 나라, 지역 혹은 장소에서 벌어지는 상황이 아무리 끔찍하게 보여도 그들에 대해 고민하느라 당신 자신의 시간을 낭비하거나 기회를 파괴하지 말라. 당신은 부유해지는 세상 속에서 당신 자신에게 관심을 가져야만 한다. 사

라져가는 빈곤한 세상 대신 다가오는 부유한 세상을 생각
하라. 그리고 당신 자신이 경쟁적 방식이 아닌 창조적 방
식으로 부자가 됨으로써 그것이 더 빨리 다가오도록 지원
할 수 있다는 사실을 마음에 새겨라. 빈곤을 무시하고 부에
모든 관심을 기울여라.

가난한 사람들에 대해 생각하거나 말할 때는 언제나 그
들이 부자가 될 사람들인 것처럼 생각하고 말하라. 그들
이 연민보다는 축하를 받아야 할 사람들인 것처럼……. 그
러면 그들은 영감을 갖게 되고 빈곤에서 벗어날 길을 찾기
시작할 것이다. 당신의 모든 시간과 마음과 생각을 부자가
되는 것에 집중 하라는 말은 탐욕스러워지거나 비열해지
라는 의미가 아니다. 진실로 부자가 되는 것은 당신이 인생
에서 성취할 수 있는 가장 고귀한 목표다. 왜냐하면 그것이
다른 모든 것을 포함하고 있기 때문이다. 경쟁적 국면에서
부를 얻고자 투쟁하는 것은 힘으로 다른 사람을 밟고 올라
서려는 불경한 쟁탈전이 된다. 그러나 우리가 창조적 마인
드에 다가설 때는 모든 것이 달라진다.

부자가 되는 길에 따르는 모든 것은 위대함과 영혼의 확

장, 그리고 봉사와 고귀한 노력 속에서 가능하다. 이 모든 것은 물질의 사용에 의해 가능해진다. 만약 당신이 육체적으로 건강하지 못하다면, 건강을 회복하는 것이 부자가 되는 과정 가운데 하나라는 것을 발견하게 될 것이다.

재정적인 걱정에서 벗어난 사람, 생존의 문제에서 자유롭고 위생적인 생활이 가능한 사람들만이 건강한 삶을 유지할 수 있다. 도덕과 정신의 위대함을 추구하는 것은 치열한 생존 경쟁을 넘어선 사람들에게만 가능하다. 창조적 생각으로 부자가 되는 사람만이 저급한 경쟁의 영향력으로부터 자유로워진다. 만약 당신의 마음에 행복이 깃들기를 원한다면, 품위가 있고 깊이 생각하며 부정의 유혹에서 자유로운 곳에 최상의 사랑이 꽃핀다는 사실을 명심하라. 행복은 경쟁이나 투쟁이 아니라 창조적 생각의 실행에 의해 부를 성취하는 곳에서만 발견되는 것이다.

반복하지만, 당신에게 부자가 되는 것만큼 위대하고 고귀한 목표는 없다. 당신은 당신이 마음속에 그린 부의 그림에 집중하고, 비전을 흐리게 만들 가능성이 있는 모든 것을 거부해야만 한다. 당신은 모든 사물 속에서 그 바탕에 깔

린 진실을 보는 법을 배워야 한다. 더욱 충만한 발현과 더욱 완전한 행복을 위해 당신은 그릇된 겉모습에 감추어진 위대한 하나의 생명을 보아야만 한다.

빈곤 따위는 없다는 것, 오직 부만 있다는 것이 진실이다. 사람들이 빈곤에서 벗어나지 못하고 있는 이유는 그들이 자신을 위한 부가 있다는 사실을 아직 모르고 있기 때문이다. 그리고 당신 자신의 모습과 행동으로 풍요로워지는 것이 그런 사람들에게 보여줄 수 있는 가장 효과적인 가르침이다. 다른 부류는 출구가 있다고 느끼면서도 정신적으로 매우 게으른 탓에 그 길을 찾으려 하지 않기 때문에 가난한 사람들이다. 그리고 그런 사람들에게는 정당하게 부자가 됨으로써 얻게 되는 행복을 보여줌으로써 부에 대한 욕구를 일으키는 것이 당신이 할 수 있는 최선이다.

또 다른 부류는 과학적인 생각을 하고 있으면서도 지극히 추상적이고 난해한 이론의 미로에 갇혀 있어 어느 길로 가야 할지 모르기 때문에 여전히 가난한 사람들이다. 그들은 많은 시스템의 혼합을 시도하지만 모두 실패한다. 이들을 위해서는 다시 한번 당신 자신의 모습과 행동으로 풍요로워지는 옳은 길을 보여주는 것이 최선이다. 1온스의 행동은 1파운드의 이론보다 가치가 있다. 세상을 향해 당신이 할 수 있는 최선의 일은 당신 자신을 최고로 만드는 것이다. 당신 자신이 부자가 되는 것보다 더욱 효과적으로 신과 인류에게 봉사하는 길은 없다. 단 경쟁적인 방법이 아닌 창조적인 방법으로 부자가 되어야 한다.

우리는 이 책이 부자가 되는 과학의 원리를 상세하게 기술 하고 있다고 단언한다. 그리고 만약 그것이 사실이라면, 당신은 이 주제에 관한 다른 책을 읽을 필요가 없다. 아마도 이 말이 편협하고 자기중심적인 소리로 들릴지 모른다. 그러나 생각해보라. 수학의 공식에 더하기 빼기 곱하기 나누기 이외에 더 이상의 과학적 방법이 없듯이 다른 방법은 가능하지 않다. 두 점 사이에 존재하는 가장 짧은 지름길은 하나일 수밖에 없다. 과학적으로 사고하는 유일한 길은 목표에 이르는 가장 직접적이고 가장 간단한 방정식을 찾는 것이다.

이 책에서 설명한 것보다 더 쉽고 간단한 시스템을 제시한 책은 지금까지 없었다. 당신이 이 시스템을 실행하려면 다른 것들은 모두 제쳐두어야 한다. 당신의 마음속에서 그것들은 모두 지워버려야 한다.

매일이 책을 읽어라. 항상 몸에 지녀라. 달달 외울 정도가 돼라. 그리고 다른 시스템이나 이론에 대해서는 생각하지 말라. 그렇게 하지 않으면 의심이 들기 시작할 것이고, 생각이 불안하게 요동치게 될 것이다. 그러면 실패가 시작될 것이다. 당신은 열심히 실천하여 부자가 된 후에 원하는 만큼 다른 시스템에 대해 연구할 수도 있다. 하지만 당신이 원하는 것을 이루었다고 확신하기 전까지는 이 책 이외에 다른 책은 읽지 말라. 단 서문에 언급된 저자들의 저술은 읽어도 좋다.

그리고 세상의 뉴스들 가운데 당신의 그림과 조화를 이룰 수 있는 가장 낙관적인 기사만을 읽어라. 또한 신비주의에 대한 연구는 미루어라. 신지학, 심령론, 인종연구 따위에 관심을 기울이지 말라. 그것들은 죽은 자가 아직 살아 있으며 우리 곁에 있다는 식의 이론일 경우가 많다. 그것이 사실일지라도 신경 쓰지 말라. 당신의 비즈니스가 아니다.

사자의 영혼이 어디에 있든 그들은 자기들 일이 있고 자기들 문제를 해결해야 할 것이다. 그리고 우리는 그들에게 간섭할 권리를 갖고 있지 않다. 우리는 그들을 도울 수 없다. 그리고 그들이 우리를 도울 수 있는지 없는지, 혹은 그럴 수 있다고 해도 우리가 그들의 시간을 뺏을 권리가 있는지 없는지는 매우 의심스러운 일이다. 그들은 죽은 자의 세계에 내버려 두고 당신 자신의 문제, 즉 부자가 되는 것에 몰두하라. 만약 당신이 신비주의에 얽히기 시작하면, 정신적 역류가 일어나 희망의 배를 난파시키게 될 것이다.

이제껏 살펴본 내용을 바탕으로 다음의 기본적 전제에 덧붙여 보라.

1. 만물의 근원이 되는 근본 물질이 있으며, 이 무형의 재료는 세상의 빈 곳을 가득 채우고도 남을 만큼 무한하다.
2. 재료는 생각에 따라 영상화된 것을 양산한다.
3. 인간은 마음속에서 어떤 형태를 생각할 수 있고, 무형의 재료에 그 생각을 각인시킴으로써 그것이 창조되도록 할 수 있다.

4. 이를 위해서는 반드시 경쟁의 마인드를 창조의 마인드
   로 바꾸어야 한다.
5. 소망하는 것에 대한 명확한 비전을 만들고 그것을 손에
   넣겠다는 확고한 신념과 목표를 가져야 한다.


   동시에 비전을 흐리게 하거나 목표에 영향을 주거나 신
념을 꺾을 가능성이 있는 모든 것에 대해 마음을 닫아야 한
다. 그리고 이 모든 것과 더불어 우리는 특정한 방식에 따
라 살고 행동해야만 한다는 것에 대해 살펴볼 것이다.

가만히 앉아 결과를 기다리지 말라.
그러면 결코 결과를 얻지 못할 것이다.
지금 행동하라. 지금 이외에 다른 때는 없다.

# 창조는 곧

## 11

## 생각의 행동이다

생각은 창조적 힘, 혹은 창조적 행위를 불러일으키는 추진력이다. 특정한 방식으로 생각하는 것은 당신에게 부를 가져다준다. 그러나 당신은 자신이 해야 할 행동에 주의를 기울이지 않고 단지 생각에만 의존해서는 안 된다. 이 암초로 인해 많은 과학적인 형이상학적 사색가들이 난파를 당했다. 그들은 생각과 행동을 결합하는 데 실패하고 말았던 것이다.

우리는 아직 인간의 손에 의한 가공이나 자연적 과정 없이 무형의 재료로부터 직접적으로 창조할 수 있는 발전의 단계까지는 도달하지 못했다. 인간은 생각해야 할 뿐만 아니라 생각한 것을 행동으로 옮겨야만 한다. 생각에 의해 당신은 앞에 솟아 있는 산에서 금을 찾아낼 수 있다. 하지만 금이 스스로 광산을 만들고 세공하고 동전을 새겨 당신의 주머니로 들어올 수는 없다. 초월적 힘의 추진력 하에서, 누군가가 금을 캐고 그것이 당신을 향해 가도록 할 것이다. 다른 누군가의 사업적 거래가 금을 당신에게 전달할 것이다. 그리고 당신은 그런 기회가 왔을 때 금을 받을 수 있도록 당신 자신의 사업을 조절해야만 한다.

당신의 생각이 모든 것에 생명을 불어넣기도 하고 빼앗기도 하며, 무엇을 원하는지도 알게 한다. 하지만 구체적 행위만이 당신이 원하는 것이 도착했을 때 정확하게 그것을 받을 수 있게 한다. 당신은 그것을 공짜로 받아서도 안 되며 강탈해서도 안 된다. 당신은 모든 사람에게 그들이 당신에게 지불하는 금전적 가치보다 더욱 많은 사용가치를 지불해야만 한다.

생각을 과학적으로 한다는 것은 당신이 원하는 것에 대한 명확한 이미지를 만드는 것이며, 그것을 얻겠다는 목표를 확고히 하는 것이며, 감사와 신념으로 그것을 이룰 수 있다는 것을 깨닫는 것이다. 당신의 생각을 어떤 미스터리나 신비주의적인 방식으로 이끌려고 시도하지 말라. 그것은 헛된 노력이며, 당신을 부자로 이끄는 생각의 힘을 약화시킬 것이다.

부를 획득하는 과정에서 생각의 역할에 대해서는 앞에서 충분히 설명했다. 긍정적인 신념과 목표를 갖고 당신과 마찬가지로 더 나은 삶을 갈망하는 무형의 재료에 당신의 비전을 각인하는 것이 그것이다. 그리고 당신으로부터 받아들여진 이 비전은 당신을 향해 부가 움직이도록 모든 창조력을 작동시킨다.

창조적 과정을 인도하거나 감독하는 것은 당신의 일이 아니다. 당신이 할 일은 비전을 유지하고 목표를 굳건히 하고 신념과 감사를 잊지 않는 것이 전부다. 그러나 당신에게 다가오는 것을 맞이할 수 있도록 특정한 방식으로 행동해야만 한다. 그것은 당신의 그림 속에 있는 것들과 만나고 그것들이 도착할 때 적절한 장소에 둘 수 있도록 하는 행동이다. 실제로 당신은 이에 대한 진리를 볼 수 있다. 사물들이 당신에게 도달할 때, 그것들은 동등한 가치를 요구하는 다른 사람과의 교환을 통해서일 것이다. 당신은 오직 그 사람의 것을 줌으로써만 당신의 것을 받을 수 있다.

당신의 역할을 완수하지 않는다면 당신의 지갑은 항상 돈으로 가득 채워지는 행운의 지갑으로 변화될 수 없을 것이다. 이것은 부자가 되는 과학에서 중대한 포인트이다. 바로 여기서 생각과 행동이 결합되어야만 한다. 많은 사람들이 의식적으로든 무의식적으로든 강하고 끈질긴 욕망에 의해 창조력을 발휘한다. 하지만 그들이 여전히 가난한 이유는 그들이 원하는 것이 다가왔을 때 그것을 받기 위해 제공해야 할 상응하는 대가를 지불하지 않기 때문이다.

생각에 따라서 원하는 것이 다가온다. 그리고 행동에 의해서 그것을 받는다. 무엇을 하든지, 반드시 해야 한다는 것은 자명하다. 당신은 과거 속에서 행동할 수 없다. 마음 속에서 과거를 지워버리고 비전을 명확히 하는 것이 중요하다. 당신은 미래 속에서 행동할 수 없다. 왜냐하면 미래는 아직 오지 않았기 때문이다. 그리고 당신은 어떤 상황이 도달하기 전까지는 그 상황에서 어떻게 행동할 것인지 이야기할 수 없다.

지금 올바른 사업 혹은 올바른 환경 속에 있지 않기 때문에 올바른 사업이나 환경을 갖추기 전까지는 행동을 미루어야만 한다고 생각하지 말라. 그리고 미래에 닥칠지도 모를 위급한 상황에 대비하기 위해 미리 계획을 세우느라 현재의 시간을 낭비하지 말라. 어떤 상황이 오더라도 대응할 수 있다는 신념을 가져라.

만약 당신이 미래에 벌어질 일에 신경을 쓰면서 현재의 행동에 임한다면, 당신의 행동은 당신의 마음과 분리될 것이고, 효과를 발휘하지 못할 것이다. 근본 물질에 창조적 충동을 던지고 나서는 현재의 행동에 모든 정신을 집중해야 한다.

가만히 앉아 결과를 기다리지 말라. 그러면 결코 결과를 얻지 못할 것이다. 지금 행동하라. 지금 이외에 다른 때는 없다. 그리고 지금 이외에 다른 때는 결코 오지 않을 것이다. 만약 당신이 원하는 것을 받기 위한 준비를 시작해야 한다면, 지금 당장 시작해야만 한다. 그리고 당신의 행동은 그것이 어떤 것이든 반드시 현재의 사업이나 직장에서 행해져야 하며, 또한 현재의 환경 속에 있는 사람이나 사물을 대상으로 행해져야 한다.

당신의 행동은 당신이 있지 않은 곳에서 행해질 수 없다. 당신은 과거에 있었던 곳에서 행동하거나 앞으로 있을 곳에서 행동할 수 없다. 오직 지금 있는 곳에서만 행동할 수 있다. 어제 일의 잘잘못을 따지지 말고 오늘의 일을 잘 수행하라. 내일의 일을 하려고 하지 말라. 내일 그 일을 할 충분한 시간이 있을 것이다.

신비주의나 초자연 주의적인 수단으로 당신의 손이 미치지 못하는 사람이나 사물에 영향을 주는 행동을 하려고 애쓰지 말라. 환경이 변하기를 기다리며 행동을 미루지 말라. 행동에 의해 환경이 변하게 만들어라. 당신은 현재의 환경 속에서 행동함으로써 더 나은 환경으로 들어갈 수 있다. 마음속에서 더 나은 환경의 비전에 대한 신념과 목표를 확고히 하되, 행동은 현재의 환경 속에서 수행하라. 잠시라도 몽상에 빠져 시간을 허비하지 말라. 당신이 원하는 하나의 비전을 확고히 하고 지금 행동하라.

부자가 되기 위한 첫걸음으로 뭔가 새로운 것, 특이한

것, 낯선 것 혹은 눈에 띠는 행동을 찾기 위해 애쓰지 말라. 시간이 지나면 예전과 똑같이 행동하게 될 것이다. 지금 당신을 확실하게 부자로 만들어 줄 특정한 방식에 따라 행동하라. 만약 어떤 사업을 운영하고 있다면, 그리고 그것이 자신에게 맞지 않는다고 느낀다면, 당신은 자신에게 맞는 사업이 나타날 때 가지 행동을 미루고 있어서는 안 된다. 잘못된 자리에 있다는 이유로 의기소침하거나 앉아서 슬퍼하지 말라. 처음부터 자기에게 맞는 자리를 찾을 수 있는 사람은 아무도 없다. 그리고 지금 자기에게 맞지 않는 사업을 하고 있다고 해서 앞으로도 자기에게 맞는 사업으로 옮겨갈 수 없는 것은 아니다.

자신에게 맞는 사업을 하는 자신의 모습을 그리고 그것을 시작할 것이라는 확고한 신념과 목표를 가져라. 그러나 행동은 현재의 사업 속에서 하라. 더 나은 것을 이루는 수단으로써 현재의 사업을 이용하라. 더 나은 환경으로 옮겨가는 수단으로써 현재의 환경을 이용하라. 신념과 목표가 확고하다면 당신에게 맞는 사업에 대한 비전은 초월적 힘에 의해 이루어질 것이다. 그것은 특정한 방식으로 행동함으로써 가능하다.

당신이 만약 직장인이 거나 임금노동자라면, 그리고 당신이 원하는 것을 얻기 위해서는 전직을 해야만 한다고 느낀다면, 헛된 믿음이나 생각에 빠져 있지 말라. 그것은 아마도 실패할 것이다.

당신이 원하는 직업 속에서 일하는 자신의 모습을 마음속에 그려라. 그리고 현재의 직업 속에서 신념과 목표를 갖고 일하라. 그러면 분명히 원하는 직업을 얻을 것이다. 당신의 비전과 신념이 소망이 이루어지도록 창조력을 발동시킬 것이다. 그리고 당신의 행동은 현재의 환경 속에서 희망하는 환경 속으로 이동하도록 하는 힘을 작동시킬 것이다. 그리고 소망하는 것이 다가왔을 때 그것을 받기 위해서는 현재의 환경 속에 있는 사람과 사물을 대상으로 하는 행동을 지금 수행해야 한다.

세상은 단지 현재의 자리를 채우는 것을 넘어
그 이상의 일을 하는 사람들에 의해 발전한다.

# 먼저 각각의 **행동**에서
## 12
# **성공**을 거둬라

당신은 앞 장에서 지시한 것처럼 당신의 생각을 사용해야만 한다. 그리고 당신이 어디에 있든 할 수 있는 것을 시작해야 하고, 거기서 당신이 할 수 있는 모든 것을 해야 한다. 당신은 현재의 자리에서 주어진 것 이상으로 발전할 수 있다. 그러나 현재의 자리에서 맡겨진 일을 하지 않은 채더 큰 발전을 이루는 사람은 없다.

세상은 단지 현재의 자리를 채우는 것을 넘어 그 이상의 일을 하는 사람들에 의해 발전한다. 만약 자기의 자리를 지키는 사람이 전혀 없다면, 당신은 모든 것이 퇴보하는 것을 지켜보아야만 할 것이다. 현재의 자리에서 충실하지 않은 사람들은 사회와 정부 그리고 산업과 시장에 짐을 떠넘기는 것이다. 다른 사람들이 커다란 경비를 지출함으로써 그들을 끌고 가야 한다. 자신들의 자리에서 충실하지 않은 사람들 때문에 세상의 진보가 늦어지는 것이다. 그들은 낡은 세대와 낮은 단계 혹은 낮은 수준에 속한 사람들이다. 그리고 그들의 태도는 퇴보를 향해 있다. 만약 각각의 개인이 자신의 직분에 충실하지 못한다면, 그 사회는 발전할 수 없다. 사회적 진보는 신체적, 정신적 발전 법칙에 의해 이끌어진다. 동물 세계에서 진보는 생명의 기능이 과다할 때 일어난다.

하나의 유기체는 그 자신의 단계에서 표현되는 기능보다 더 많은 생명의 기능을 가질 때 더 높은 단계의 기관이 개발되고 새로운 종이 탄생한다. 자신의 자리를 채우는 것 이상의 더 많은 생명의 기능이 없다면 새로운 종은 생겨나지 못할 것이다. 이 법칙은 당신에게도 똑같이 작용된다. 당신이 부자가 되는 것은 이 원리를 당신 자신의 직무에 적용하느냐에 달려 있다.

매일매일은 성공한 하루 혹은 실패한 하루다. 그리고 원하는 것을 얻은 날은 성공한 날이다. 만약 매일 실패한다면 당신은 결코 부자가 될 수 없다. 반면에 매일 성공한다면 당신은 부자가 되지 않을 수 없다.

만약 오늘 해야 할 일이 있고 그것을 하지 않았다면, 당신은 그 일에 관해 실패한 것이다. 그 결과는 당신이 생각하는 것보다 훨씬 나빠질 수도 있다. 아주 사소한 행위조차도 그 결과는 예측할 수 없다. 당신은 당신의 편에서 움직이는 힘들이 전부 어떻게 작동하고 있는지 알 수 없다. 당신의 간단한 행동 하나에 많은 것이 의존해 있을지도 모른다. 커다란 가능성을 향한 기회의 문이 바로 그것일 지도 모른다. 당신은 결코 초월적 힘이 당신을 위해 세상사와 인간사를 어떻게 만드는지 그 조합들을 전부 알 수는 없다. 어떤 사소한 일에 대한 무시나 실패가 당신이 소망하는 것을 오랫동안 지체시키는 원인이 될지도 모른다.

매일매일 그 날 할 수 있는 일은 모든 것을 하라. 그러나 여기에는 당신이 생각하는 것 이상의 한계와 조건이 있다.

가능한 짧은 시간 내에 가능한 많은 일에 매달려 맹목적으로 일을 끝내려고 해서는 안 된다. 내일 일을 오늘 하거나 일주일 동안 할 일을 하루에 해치워서는 안 된다.

중요한 것은 일의 양이 아니라 각각의 행위가 가진 효율성이다. 각각의 행위는 그 자체로 성공하거나 실패한다.

각각의 행위는 그 자체로 효율적이거나 비효율적이다. 모든 비효율적 행위는 실패이고, 만약 당신의 인생에서 계속 비효율적 행위를 한다면 당장의 성과와 상관없이 당신의 인생은 전체적으로 실패할 것이다. 당장은 더 많은 일을 해낼 수는 있을지 모르지만, 당신의 행위가 비효율적이라면 당신 자신을 낭비하는 짓이다. 당신의 삶을 죽이면서 부자가 되는 것은 의미가 없는 것이다. 반면에 모든 효율적 행위는 그 자체로 성공이며, 만약 당신의 인생에서 모든 행위가 효율적이라면 당신의 인생은 전체적으로 성공할 것이 분명하다.

사람들은 너무 많은 일을 비효율적으로 처리하고, 효율적인 방법은 충분히 실행하지 않기 때문에 실패하는 것이다. 비효율적인 행위를 최소화하고 효율적인 행위를 더 많이 늘인다면 당신은 부자가 될 것이다. 당신은 이것이 틀림없는 명제라는 것을 깨닫게 될 것이다. 당신이 각각의 행위를 효율적으로 만드는 것이 가능하다면, 당신은 부자가 되는 것이 수학과 같은 엄밀한 과학의 영역에 속한다는 것을 다시 한번 깨닫게 될 것이다. 그러면 이제 문제는 분리된 행위들 각각을 그 자체로 성공 시킬 수 있느냐 하는 것으로 바뀐다. 그리고 그 해답은 '당신은 분명히 할 수 있다"이다. 당신은 각각의 행위를 성공시킬 수 있다. 왜냐하면 창조의 힘이 당신과 함께 일하며, 창조의 힘은 실패할 수 없기 때문에 당신에게는 능력이 제공되어 있고, 당신은 단지 내면의 능력을 발휘하여 각각의 행위들을 효과적으로 만들면 된다.

모든 행위는 강한 것이거나 혹은 약한 것이다. 그리고 모든 행위가 강할 때, 당신은 당신을 부자로 만들어줄 특정한 방식으로 행동하고 있는 것이다. 행동하는 동안 비전을 꽉 붙들고 신념과 목표를 한시도 잊지 않음으로써 모든 행동을 강하고 효율적으로 할 수 있다.

개인의 행위에서 정신적 힘이 분리된 사람들은 실패한다는 것이 여기서의 핵심이다. 그런 사람들은 정신의 힘을 한 곳에, 일시에 쏟지 못한다. 그리고 그들의 행위는 다른 곳, 다른 시간 속에서 이루어진다. 따라서 그들의 행동은 그 자체로 성공적이지 못하고 너무 많은 것들이 비효율적이다. 그러나 창조적 힘이 주입되면 아무리 하잘것없는 일이라도 모든 행위는 그 자체로 성공할 것이다. 그리고 모든 성공은 다른 성공에 길을 열어주는 성질이 있으므로 소망하는 것을 향한 진척은 점점 더 속도가 붙게 될 것이다.

성공적인 행위는 결과에 누적된다는 사실을 명심하라. 더 나은 삶을 위한 욕망이 모든 존재의 본성이 된 이래로, 인간이 더 풍족한 삶을 위해 움직이기 시작하면 더 많은 물질들이 그들 스스로 인간에게 다가오고, 인간의 욕망이 가진 영향력은 더욱 배가된다. 매일매일 그 날 할 수 있는 모든 일을 하고, 모든 행위는 효율적인 방식으로 수행해야 한다.

아무리 사소하고 평범한 일이라 할지라도 매 행동마다 당신의 비전을 꼭 움켜쥐고 있어야만 한다. 하지만 이 말이 매시간 그것의 아주 세부적인 부분까지 뚜렷하게 바라보고 있어야 한다는 것은 아니다. 휴식 시간을 이용해 비전의 세부적인 영상이 기억 속에 확고하게 자리 잡도록 집중할 수 있다. 만약 신속한 결과를 원한다면 자투리 시간이 날 때마다 그렇게 하면 된다.

지속적으로 주시함으로써 당신은 소망하는 것에 대한 그림을 아주 세세한 부분까지 완성할 수 있다. 그것이 마음속에 확고하게 자리 잡으면 무형의 재료로 완벽하게 전달될 것이다. 그런 다음 일하는 시간에는 당신의 신념과 목표에 대한 자극제로서 최선의 노력을 다하기 위해 필요할 때마다 그 그림을 마음속으로 떠올리기만 하면 된다. 그것을 즉각적으로 움켜쥘 수 있을 만큼 가슴이 벅차오를 때까지 남는 시간을 이용하여 당신의 그림을 완성하라. 당신은 단지 그것에 대해 생각하는 것만으로도 그것이 전해주는 밝은 약속에 크게 고무될 것이다. 그러면 당신의 온 존재로부터 가장 강력한 에너지를 끌어올 수 있게 될 것이다.

우리의 기본적 전제를 다시 반복해 보라. 그리고 그 전제에 우리가 방금 도달한 지점을 끌어와 마지막 부분에 덧붙여 보라. 만물의 근원이 되는 근본 물질이 있으며, 이 무형의 재료는 세상의 빈 곳을 가득 채우고도 남을 만큼 무한하다. 무형의 재료는 생각에 따라 영상화된 것을 양산한다.

인간은 마음속에서 어떤 형태를 생각할 수 있고, 무형의 재료에 그 생각을 각인시킴으로써 그것이 창조되도록 할 수 있다.

이를 위해서는 반드시 경쟁의 마인드를 창조의 마인드로 바꾸어야 한다. 소망하는 것에 대한 명확한 비전을 만들고 그것을 손에 넣겠다는 확고한 신념과 목표를 가져야 한다. 매일매일 그날 할 수 있는 모든 일을 하고, 각각 모든 행위는 반드시 효과적인 방식으로 수행해야 한다.

만약 당신에게 가장 적합한 일에 종사한다면,
당신은 가장 쉽게 부자가 될 것이다.
그러나 만약 당신이 하고 싶은 일에 종사한다면,
당신은 가장 만족스러운 부자가 될 것이다.

# 쉬운 일보다 만족할 수
## 13
# 있는 일을 선택하라

어떤 종류의 사업에서도 성공은 그 사업에 요구되는 재능을 얼마나 잘 계발했는가에 달려 있다. 훌륭한 음악적 재능이 없으면 음악 교수로 성공할 수 없고, 기계를 다루는 특별한 기술을 습득하지 않고서 기계 매매업에서 큰 성공을 거둘 수 없으며, 상업적 재능이나 감각이 없는 사람이 장사로 성공할 수는 없다. 그러나 특정한 직업에 요구되는 숙련된 재능의 보유가 부자가 되는 것을 보장하지는 않는다.

훌륭한 재능을 가진 음악가라도 여전히 가난하게 사는 사람이 많고, 훌륭한 기술을 지닌 목수나 대장장이라도 부자가 되지 못한 사람이 많다. 그리고 사람을 다루는 재능이 뛰어난 상인이라도 실패를 전혀 하지 않는 사람은 없다.

이러한 각각의 능력들은 도구들이며 좋은 도구를 가져야 하는 것은 필수적이다. 그러나 또한 그 도구들을 올바르게 사용해야 한다는 것도 필수적이다. 훌륭한 목수는 연장을 탓하지 않는 법이다. 좋은 연장도 중요하지만, 그 연장을 제대로 쓰는 것이 더욱 중요하다.

한 사람이 날 잘 드는 톱, 직각자, 대패를 가지고 멋진 가구 한 점을 제작했다. 또 다른 한 사람도 역시 똑같은 연장을 가지고 똑같은 가구를 제작했지만, 그의 것은 전혀 멋있지 않았다. 이는 능력이 없는 것이 아니라 그 능력을 제대로 사용하는 방법을 몰랐기 때문이다.

당신의 다양한 정신적 능력은 당신을 부자로 만드는 일을 할 때 반드시 사용해야만 하는 연장이다. 당신이 숙련된 정신적 연장을 갖춘 사업을 선택한다면 성공하기가 더욱 쉬워질 것이다.

일반적으로 당신이 강점을 가진, 당신에게 가장 적합하기 때문에 재능을 잘 활용할 수 있는 사업에서 당신은 최선을 다할 것이라고 말할 수 있다. 하지만 이러한 언급에도 역시 제한이 있다. 자신의 타고난 성향에 한정하여 자신의 직업을 선택해야 한다고 생각하는 사람은 아무도 없다.

당신은 어떤 사업을 통해서도 부자가 될 수 있다. 만약 그 직업에 맞는 재능을 가지고 있지 않더라도 당신은 그 재능을 계발할 수 있다. 이것은 타고난 재능을 사용하는 데에 자신을 한정시키지 말고 일을 해나가면서 자신의 연장을 계속 계발시켜야 한다는 것을 의미한다. 숙련된 재능을 이미 갖추고 있는 직종에서라면 성공하기가 훨씬 쉬워질 것이다. 하지만 어떤 직종인가를 막론하고 당신은 성공할 가능성을 가지고 있다. 아주 최소한이라고 할지라도 당신은 모든 재능을 갖고 있으며, 아무리 초보적인 재능이라도 당신은 훌륭하게 계발할 수 있기 때문이다.

만약 당신에게 가장 적합한 일에 종사한다면, 당신은 가장 쉽게 부자가 될 것이다. 그러나 만약 당신이 하고 싶은 일에 종사한다면, 당신은 가장 만족스러운 부자가 될 것이다.

당신이 원하는 일을 하는 것이 인생이다. 하고 싶지 않은 일을 억지로 하고, 정작 하고 싶은 일은 할 수 없는 인생 속에서 만족은 없다. 그리고 당신이 하고 싶은 일이 당신이 할 수 있는 일이라는 점은 틀림없다. 어떤 일을 하고 싶어 하는 욕구가 생기는 것은 당신의 내부에 그 일을 할 수 있는 능력이 있다는 증거이다.

욕구는 능력의 표현이다. 음악을 연주하고 싶은 욕구는 표현을 찾고 계발하여 음악을 연주할 수 있는 능력이다. 기계 장치를 고안하고자 하는 욕구 역시 표현을 찾고 계발을 필요로 하는 재능이다. 계발되었든 계발되지 않았든 그것을 할 능력이 없는 곳에 서는 그것을 하고자 하는 욕망도 절대 생기지 않는다. 어떤 일을 하고자 하는 강한 욕구가 있다면, 그것을 할 강한 능력이 있다는 증거가 확실하다. 단지 그것을 올바른 방식으로 계발하고 활용하는 것이 요구될 뿐이다. 모든 욕구가 동등하다면 가장 숙련된 재능을 가진 사업을 선택하는 것이 최선이다. 그러나 당신이 어떤 특별한 일에 종사하고 싶은 강한 욕구를 가지고 있다면 당신은 궁극적 목표로서 그 일을 선택해야만 할 것이다. 당신은 하고 싶은 일을 할 수 있고, 당신에게 가장 잘 맞고 즐거운 직업 혹은 사업을 선택하는 것은 당신의 권리이자 특권이다.

당신이 하고 싶지 않은 일을 해야 할 의무는 없으며, 당신이 하고 싶은 일에 이르는 수단일 경우를 제외하고는 그 일을 해서는 안 될 것이다.

만약 과거의 잘못된 선택의 결과로 당신이 원하지 않는 사업이나 환경 속에서 일하게 되었다면 얼마 동안은 하고 싶지 않은 일을 해야 하는 의무를 가질지도 모른다. 하지만 원하는 일이 당신에게 올 것이라는 가능성을 알고서 일함으로써 현재의 일을 즐겁게 만들 수 있다.

나에게 올바른 직업이 아니라는 느낌이 들더라도 다른 일을 얻는 일에 너무 성급하게 서두르지 말라. 일반적으로 사업이나 환경을 바꾸는 가장 최선의 방법은 점진적 확장에 의해서이다.

눈앞에 기회가 왔다면, 그리고 그것이 올바른 기회인지 조심스럽게 생각했다면, 갑작스럽고 근본적으로 변화하는 것을 두려워하지 말라. 그러나 그렇게 하는 것이 현명한가에 대한 의심이 든다면 갑작스럽고 근본적인 행동을 절대하지 말라. 창조적 계획 하에서는 결코 서두를 것이 없다. 그리고 기회는 얼마든지 있다.

경쟁적 마인드로부터 벗어날 때 당신은 행동을 서두를 필요가 전혀 없다는 것을 이해할 것이다. 당신이 하고 싶은 일을 하지 못하도록 방해할 사람은 아무도 없다. 모두에게 충분한 기회가 있다. 만약 하나의 공간이 채워지면 얼마 지나지 않아 더 나은 공간이 당신을 위해 열릴 것이다.

시간은 충분하다. 의심이 들면 기다려라. 당신의 비전을 떠 올리는 시간으로 돌아가 신념과 목표를 더욱 확고히 하라. 그리고 무엇보다도 의심과 불확실함의 시기에는 감사의 마음을 경작하라.

하루 혹은 이틀 정도 당신이 원하는 것에 대한 비전을 깊이 생각하고 당신이 받을 것에 대한 감사의 마음을 키워라. 그러면 당신의 정신은 초월적 존재에 더욱 밀접하게 연계되어 행동할 때 실수를 저지르지 않을 것이다. 마음은 알아야 할 모든 것을 알고 있다. 당신이 깊이 감사하는 태도를 보인다면, 삶의 진보에 대한 신념과 목표에 의해 이 마음과 밀접하게 결합될 수 있다.

실수는 행동을 서두르거나 의심 혹은 두려움 속에서 행동 할 때 생기는 것이며, 또한 모두의 삶을 증진시킨다는 올바른 동기를 상실한 채 행동할 때 생기는 것이다. 당신은 특정한 방식으로 행동함으로써 더 많은 기회를 맞이하게 될 것이다. 그리고 당신의 신념과 목표를 매우 견고하게 할 필요가 있을 것이고, 경건한 감사로써 정신과 밀접한 접촉을 유지해야 할 것이다. 서두르거나 걱정하거나 두려워하지 말고 매일 완벽한 방식으로 당신이 할 수 있는 모든 것을 하라.

서두르기 시작하는 순간 당신은 창조자가 아니라 경쟁자가 되고 만다는 사실을 명심하라. 낡은 방식으로 다시 후퇴하는 것이다. 당신 스스로 서두른다고 느껴질 때면 거기서 멈춰라. 당신이 원하는 것에 대한 정신적 영상에 주의를 집중하고 얻게 될 것에 대한 감사를 시작하라. 감사하는 연습은 반드시 당신의 신념을 강화시키고 목표를 새롭게 해줄 것이다.

당신의 성공에 대해 자랑하거나
허풍을 떨거나 쓸데없이 떠벌리지 말라.
진실한 신념은 절대 자랑하는 것이 아니다.

# 사람들은 **진보**의
## —— 14 ——
# **인상**에 끌린다

 

 

직업을 바꾸든 바꾸지 않든, 당신은 현재 속해 있는 직종 안에서 행동해야만 한다. 당신은 이미 기반을 다져놓은 사업을 건설적으로 이용함으로써, 그리고 특정한 방식으로 하루의 일과를 수행함으로써 원하는 사업에 다가갈 수 있다. 직접적으로든 혹은 편지로든 다른 사람과 거래를 하는 사업에 종사하고 있다면 당신의 모든 노력이 향하는 핵심적인 생각은 상대의 마음에 진보적 인상이 전달되도록 하는 것이어야 한다. 진보는 모든 사람이 추구하는 것이다. 그것은 그들 내부로부터 솟아나는 정신적 추진력이다.

진보에 대한 욕구는 자연 전체에 내재한 특성이며, 우주의 근본적인 충동이다. 모든 인간의 행동은 진보를 위한 욕구에 기초해 있다. 사람들은 더 좋은 음식, 더 좋은 옷, 더 좋은 집, 더 고상한 것, 더 아름다운 것, 더 다양한 지식, 더 큰 즐거움, 더 증진된 삶을 추구한다.

모든 생명체는 지속적인 발전을 위한 진보의 필요성 하에 있다. 생명의 진보가 멈추는 곳에는 즉각적인 소멸과 죽음이 온다. 인간은 본능적으로 이러한 사실을 알고 있고, 그렇기 때문에 영원토록 '더 많이'를 추구한다. 부를 증가시키고자 하는 평범한 욕구는 사악하거나 비난당할 것이 아니다. 그것은 단지 더 풍요로운 삶에 대한 욕구이자 열망일 뿐이다. 그리고 이것은 삶이 가진 본연의 욕구이기 때문에 모든 사람은 삶의 수단들을 더 많이 제공하는 사람에게 끌리기 마련이다. 앞에서 나는 당신이 누군가와 거래를 할 때 상대가 지불하 는 금전적 가치보다 더 많은 사용가치를 그에게 지불하라고 이야기했다. 내가 설명한 특정한 방식을 따른다면 당신을 위한 부가 계속 증가할 뿐만 아니라 당신과 거래하는 모든 사람의 부도 계속 증가할 것이다.

당신이 모든 이에게 부의 증진을 제공하는 창조의 중심이다. 이에 대한 확신을 가져라. 그리고 남녀노소를 불문하고 모든 사람에게 이 사실에 대한 확신을 전달하라. 심지어 꼬마에게 사탕 스틱 하나를 파는 아주 작은 거래일지라도 그 손님에게 증진의 생각을 심어주어 깊은 인상을 받게 하라.

모든 사람이 당신이 진보하는 사람이라는 인상을 받게 되도록 당신이 행하는 모든 일과 함께 진보의 인상을 전달하라. 그리고 당신과 거래하는 모든 사람도 함께 진보한다는 인상을 전달하라. 판매나 사업상의 고려 없이 단지 사교적으로 만난 사람들에게조차도 발전되 었다는 생각을 갖도록 만들어라.

당신은 스스로 증진의 길을 걷고 있다는 흔들리지 않는 신념을 확고히 가짐으로써, 그리고 이 신념이 고취되고 충만하고 모든 행동에 스며들도록 함으로써, 사람들에게 진보의 인상을 전달할 수 있다. 자신이 진보하는 인성을 지녔으며, 모든 사람을 진보시켜 준다는 굳은 확신을 갖고 모든 일을 행하라.

당신의 성공에 대해 자랑하거나 허풍을 떨거나 쓸데없이 떠벌리지 말라. 진실한 신념은 절대 자랑하는 것이 아니다. 자랑을 늘어놓는 사람을 만난다면 당신은 그에게 무언가 감추는 것이 있거나 두려운 것이 있다는 것을 알게 될 것이다. 단지 신념을 가져라. 그리고 모든 거래에서 그 신념이 발산되도록 두어라. 모든 행동과 어조 그리고 시선에서 당신이 부자가 되고 있다는, 혹은 이미 부자가 되었다는 조용한 자신감이 흘러나오도록 두어라. 다른 사람들과 이 느낌을 소통하는 데에는 말은 필요치 않을 것이다. 그들은 당신의 존재만으로도 발전의 감정을 느낄 것이고, 당신에게 마음이 끌릴 것이다.

다른 사람들에게 당신과 거래하면 그들 자신도 발전할 것이라는 느낌이 들도록 강한 인상을 주어야만 한다. 그들로부터 받는 금전적 가치보다 훨씬 더 많은 사용가치를 준다는 것을 보여줘라. 당신이 정직한 자부심을 느끼고 그 일을 한다는 것을 모든 사람이 알게 하라. 그러면 고객이 끊이지 않을 것이다. 사람들은 자신들이 발전할 수 있는 곳으로 갈 것이다.

그리고 모든 것 속에 내재되어 있는 진보의 욕구는 당신에 대해 전혀 듣지 못한 사람들까지도 모두 당신을 향해 오도록 인도할 것이다. 당신의 사업은 급속히 발전할 것이며, 당신은 기대 이상의 수익에 놀라게 될 것이다. 당신은 하루하루 사업의 규모를 늘리고 더 많은 이익을 확보할 것이다. 그리고 만약 당신이 원한다면 당신에게 더 잘 맞는 직종으로 옮겨갈 수 있을 것이다. 그러나 이 모든 일을 할 때 절대로 당신이 소망하는 비전을 잊거나 소망하는 것을 반드시 얻을 수 있다는 신념과 목표를 상실해서는 안 된다.

동기와 관련하여 당신에게 또 다른 주의사항을 말하겠다. 다른 사람을 힘으로 제압하려는 교활한 유혹을 경계하라. 힘으로 다른 사람을 지배하거나 제압하려는 시도에서 기쁨을 느끼는 것은 정신적으로 미숙한 사람들이다. 이기적인 만족감을 얻기 위해 타인을 지배하려는 욕구는 세상에 내려진 저주이다. 수 세기 동안 왕과 영주들은 자신들의 지배 영역을 넓히기 위한 수많은 전쟁 속에서 세상을 피로 물들였다. 이것은 모든 사람의 삶을 발전시키려는 노력이 아니라 그들 자신의 권력을 증가시키는 노력이었다.

오늘날 산업사회의 주요 동기도 그와 똑같다. 사람들은 돈을 무기로 무장하고 다른 사람들 위에 올라서기 위해 똑같이 수백만 명의 삶과 영혼을 짓밟고 있다. 봉건적 제왕들과 마찬가지로 산업계의 제왕들은 권력의 욕망에 사로잡혀 있다.

하지만 이 욕망은 이제 낡은 방식이 되었다. 왜냐하면 낡은 시대는 지나갔기 때문이다. 만약 당신이 돈이나 힘으로 제압하려 한다면 그들은 모두 당신의 곁을 떠날 것이다. 그들은 다른 곳에서 다른 사람과 거래하고 다른 사람을 위해 일할 것이다. 예수는 지배욕을 버리고 형제애를 찾아야 한다고 말했다.

권위를 추구하려는 유혹을 경계하고, 사치스러운 겉모습으로 다른 사람들을 현혹하여 그 무리의 지배자가 되려는 유혹을 경계하라. 다른 사람을 지배하고자 하는 마음은 경쟁의 마인드이며, 경쟁의 마인드는 창조의 마인드가 아니다. 당신의 환경과 운명을 지배하기 위해 당신을 따르는 사람들 위에 군림할 필요가 전혀 없다. 그리고 실제로 당신이 높은 자리를 차지하기 위한 세상의 투쟁 속으로 들어간다면, 당신은 운명과 환경에 의해 정복당하기 시작할 것이고 부자가 되는 것은 단지 요행과 운에 맡기게 될 것이다.

경쟁의 마인드를 경계하라.

창조적 행동의 원칙에 대해서는 훗날 톨레도의 '황금률'로 유명해진 다음의 가르침보다 더 나은 언급은 없을 것이다.

"그러므로 무엇이든지 남에게 대접을 받고자 하는 대로 너희도 남을 대접하라."

당신이 원하는 것을 완전히 이룰 기회가 올 때까지
기다리지 말라. 지금보다 나아질 기회가 왔을 때, 그리고
당신의 감정이 이끌릴 때, 그것을 잡아라.
그것이 더 큰 기회를 향한 첫걸음이 될 것이다.

# 과학에 **진보**는 있어도
## 1 5
## 실패는 **없다**

   앞 장에서 이야기한 것들은 상업적인 일을 하는 사람 뿐만 아니라 전문직이나 샐러리맨들에게도 똑같이 적용된다.

   의사든 선생이든 혹은 목사든지 관계없이 당신이 다른 사람들의 삶을 발전 시켜줄 수 있고 그 사실을 느낄 수 있다면, 그들은 당신에게 끌릴 것이고 당신은 부자가 될 것이다. 자기 스스로 위대하고 성공적인 치유자라는 비전을 가진 의사는 그 비전을 완전하게 실현하기 위해 신념과 목표를 갖고 일할 것이다. 앞장에서 묘사했던 것처럼 그런 사람은 생명의 근원적 힘과 밀접하게 접촉하고 기적 같은 성공을 거두게 될 것이다. 환자들이 그에게 밀려들 것이다.

아마도 의술을 다루는 이들이 이 책이 주는 효과를 체험할 기회가 가장 많은 사람들일 것이다. 그가 어떤 학과에 속해 있느냐는 중요하지 않다. 왜냐하면 치유의 원칙은 그들 모두에게 공통적이고 모두 같은 원칙에 도달할 것이기 때문이다.

의료직에 종사하는 진보적인 사람, 의료인으로서 성공한 자신의 뚜렷한 정신적 영상을 갖고 신념과 목표 그리고 감사의 법칙에 순종하는 사람은 사용하는 치료법에 상관없이 그에게 맡겨진 모든 병을 치료할 것이다.

세상은 풍요로운 인생에 관한 진정한 과학을 가르칠 사람을 찾고 있다. 부자가 되는 과학과 함께 우수하고 위대한 존재가 되는 법칙, 사랑에서 성공하는 법칙을 세부적으로 숙달하고 가르치는 사람에게는 결코 청중이 끊이지 않을 것이다. 이것이 바로 세상이 필요로 하는 복음이며, 사람들의 삶을 발전시켜줄 것이다. 사람들은 기쁜 마음으로 이 복음을 듣고 이를 전파하는 사람을 널리 지지할 것이다.

지금 필요한 것은 삶의 과학을 어떻게 보여주느냐 하는 것이다. 우리는 단지 어떻게 할지 말만 하는 사람이 아니라 스스로 어떻게 할지를 몸소 보여주는 사람을 원한다. 스스로 부유하고 건강하고 위대하고 사랑받는 사람은 그것들을 실제로 어떻게 획득했는지를 우리에게 가르쳐줄 수 있다. 그러면 그를 충심으로 따르는 사람들도 많이 생겨날 것이다.

그것은 교사의 경우도 마찬가지로, 인생의 진보에 대한 신념과 목표를 가진 사람이 아이들을 고무시킬 수 있다. 그런 사람은 절대 실직하지 않을 것이다. 그런 교사는 자신이 가진 신념과 목표를 제자들에게 전달할 수 있고, 그것이 자기 인생과 생활의 일부라면 학생들에게 도움이 되지 않을 수 없다.

의사나 교사와 마찬가지로 변호사, 치과의사, 부동산업자, 보험설계사 등 모든 사람에게도 이는 진실이다.

내가 이야기한 정신과 결합한 행동은 실패할 수 없다. 이 가르침을 견고하고 참을성 있게 따르는 모든 사람은 부자가 될 것이다. 삶의 발전 법칙은 중력의 법칙처럼 수학적으로 정확한 것이다. 부자가 되는 것은 엄밀한 과학이다.

샐러리맨도 언급된 다른 경우들과 마찬가지로 이 진실을 발견하게 될 것이다. 눈에 보이는 발전의 기회가 없는 곳에서 일하기 때문에, 혹은 임금이 적고 생활비가 높은 곳에서 살기 때문에 부자가 될 수 없을 것이라고 느끼지 말라. 당신이 소망하는 것에 대한 명확한 정신적 비전을 만들고 신념과 목적이 있는 행동을 시작하라. 매일 그날 할 수 있는 모든 일을 하라. 그리고 완벽하게 성공적인 방법으로 그 각각의 일들을 수행하라. 당신이 하는 모든 일에 성공의 힘과 부자가 된다는 목표를 투영하라.

그러나 단지 당신의 고용주에게 아첨하는 것을 통해서 좋은 일과 발전의 길을 찾겠다고는 생각하지 말라. 그들이 당신에게 그렇게 해줄 가능성은 별로 없다. 고용주에게는 단지 자신이 있는 자리가 최선의 능력을 발휘할 수 있는 곳이라고 느끼고 그것에 만족하는 '선량한' 일꾼이야말로 매우 귀중한 사람이다. 하지만 고용주는 그런 사람을 승진시키는 일에는 관심이 없다. 왜냐하면 그런 사람은 현재의 자리에 있을 때 고용주에게 더욱 많은 가치가 있기 때문이다.

확실한 발전을 위해서는 자기 자리에 딱 맞는 것 이상의 어떤 것이 필요하다. 발전할 것이 확실한 사람은 현재의 자리에 있기에는 너무 큰 사람이다. 그리고 그런 사람은 자신이 되고자 하는 것이 무엇인지에 대한 개념을 분명하게 가지고 있다. 그런 사람은 자신이 되고자 하는 것에 대한 결심이 확고하고 자신이 그렇게 될 수 있다는 것을 알고 있다.

당신의 고용주가 기뻐하는 것을 보기 위해 당신의 현재 직분을 다하는 것 이상을 하려고 시도하지 말라. 그것은 당신 자신을 발전시킨다는 생각으로 하라. 일하는 시간에도, 퇴근 후 에도, 일을 시작하기 전에도 증진의 신념과 목표를 간직하란, 감독자, 동료, 부하직원, 사회적 지인을 막론하고 모든 사람들과 접촉할 때 그러한 신념과 목표를 가지고 만나라. 모든 사람들이 당신으로부터 발산되는 목표의 힘을 느낄 것이다. 그럼으로써 모든 사람들이 당신으로부터 발전과 증진의 느낌을 얻게 될 것이다. 사람들은 당신에게 끌릴 것이고, 만약 당신이 현재의 직무에서 발전의 가능성을 찾지 못한다면 곧 다른 자리로 갈 기회가 찾아올 것이다.

법칙에 순응하여 움직이는 진보적인 사람에게는 반드시 기회가 찾아오도록 만드는 어떤 힘이 있다. 신은 스스로 돕지 않는 자를 도울 수 없다. 만약 당신이 특정한 방식으로 행동한다면 반드시 행운도 따를 것이다.

주위 환경이나 산업적 상황이 좋지 않다는 것이 당신을 낙담하게 만들 수는 없다. 당신이 철강 트러스트 때문에 부자가 될 수 없다면 근교에 10에이커의 농장을 사서 부자가 될 수 있다. 만약 특정한 방식으로 움직이기 시작한다면 당신은 확실히 철강 트러스트의 족쇄에서 벗어나 농장이든 어디든 원하는 곳으로 갈 것이다.

만약 수천 명의 직원들이 그러한 특정한 방식을 택했다면 그 철강 트러스트는 금방 곤경에 처하게 되었을 것이다. 회사는 직원들에게 더 많은 기회를 제공하거나 파산 신청을 해야 했을 것이다. 그 트러스트가 소위 아무런 희망이 없는 조건 하에서 일을 시키는 한 아무도 그곳을 위해 일할 이유가 없다. 단지 그런 사람이 있다면 그들은 너무나 무지해서 부자가 되는 과학을 인지할 수 없거나 너무나 게을

러서 그것을 실천할 수 없는 경우밖에 없다.

특정한 방식으로 생각하고 행동하기 시작하라. 당신의 신념과 목적이 더 나은 상태의 기회를 더 빨리 찾도록 만들 것이 만물에 작용하는 초월적 힘으로 인해 그런 기회가 빠르게 다가올 것이다. 당신이 원하는 것을 완전히 이룰 기회가 올 때까지 기다리지 말라. 지금보다 나아질 기회가 왔을 때, 그리고 당신의 감정이 이끌릴 때, 그것을 잡아라. 그것이 더 큰 기회를 향한 첫걸음이 될 것이다.

이 세상에서 진보적인 인생을 살아가는 사람을 위한 기회가 사라질 가능성은 없다.

모든 것은 나를 위해 존재하며 나의 행복을 위해 일한다는 것이 이 우주의 고유한 성질이다. 만약 어떤 사람이 특정한 방식으로 생각하고 행동한다면 그는 확실하게 부자가 되어야만 한다. 그렇기 때문에 당신이 직장인이라면 이 책을 더욱 조심스럽게 공부하고 앞에 기술한 행동들을 명확하게 수행해야 한다. 실패는 없을 것이다.

시기적으로 어렵다든지
사업의 전망이 의심스럽다든지 하는 말을 결코 하지 말라.
경쟁의 마인드를 가진 사람에게는 시기적으로 어렵거나
사업의 전망이 의심스러울 수 있지만
창조의 마인드를 가진 사람에게는 결코 그런 일이 발생할 수 없다.

# 약간의 **주의**사항,

# 그리고 결론적 **고찰**

많은 사람이 부자가 되는 엄밀한 과학이 있다는 생각에 대해 비웃을 것이다. 부의 공급이 제한되어 있다는 믿음을 가진 사람들은 대다의 대중이 부를 획득하는 능력을 갖출 수 있기 위해서는 먼저 사회 및 정부 기관들이 변해야 한다고 주장할 것이다.

그러나 그것은 진실이 아니다. 대중들의 빈곤을 지속시키는 정부가 존재한다는 것은 사실이다. 그러나 이는 대중들이 특정한 방식으로 생각하고 행동하지 않기 때문이다. 만약 대중들이 이 책에서 제시하는 방향으로 움직이기 시작한다면, 정부도 산업시스템도 그들을 통제할 수 없다. 모든 시스템이 이 움직임에 적합하도록 조정되어야만 한다.

만약 부자가 될 수 있다는 신념을 가지고 있고, 또 부자가 된다는 확고한 목표를 향해 움직이는 진보적 마인드를 소유한 자들이라면, 그들을 빈곤 속에 머물게 할 수 있는 것은 아무것도 없다.

어떤 시대에 어떤 형태의 정부를 막론하고 특정한 방식에 따른 개인들은 부자가 된다. 그리고 어떤 정부하에서도 아주 많은 수의 개인들이 그러한 방식으로 행동한다면, 그들은 그에 적합한 시스템이 만들어지게 하고 더 많은 이들에게 길을 열어 주게 될 것이다.

경쟁적 국면에서 부자가 되는 사람들이 많아질수록 다른 사람들의 상황은 더욱 열악해진다. 창조적 국면에서 부자가 되는 사람들이 많아질수록 다른 사람들의 상황은 더욱 좋아진다.

대중들의 경제적 구원은 이 책에 나오는 과학적 방법을

실행에 옮기는 사람들의 수가 더욱 늘어나고 그들이 부자가 됨으로써만 성취될 수 있다. 부를 획득할 수 있다는 신념과 그것을 획득하고 말겠다는 목표와 함께 현실의 삶을 위한 욕망을 북돋는 것 이외에는 방법이 없을 것이다.

그러나 현재로는 당신이 어떤 정부하에서 살고 있는지, 그것이 자본주의든 혹은 경쟁시스템의 산업사회이든 상관없이 부자가 될 수 있다는 것을 아는 것으로 충분하다. 당신이 창조적 국면으로 생각을 전환한다면 당신은 그 모든 것을 극복하고 전혀 다른 왕국의 시민이 될 것이다.

당신의 생각이 창조적 방식을 견지하도록 해야만 한다는 것을 명심하라. 당장 공급의 한계에 집착하거나 그로 인해 경쟁의 도덕적 수준에서 행동해서는 결코 안 된다. 낡은 방식으로 생각할 때는 항상 실패한다. 경쟁의 마인드가 생길 때마다 즉시 당신 스스로를 바로잡아라. 그렇지 않으면 당신은 전체의 마인드와 맺은 협력관계를 상실하게 된다.

당신이 오늘 하는 일에 영향을 미칠지도 모르는 것이 아니라면 혹시 일어날지도 모르는 비상사태에 대비하느라 시간을 낭비하지 말라.

완전하게 성공적인 방식으로 오늘의 일을 수행하는 것에 관심을 기울여라. 그리고 내일 일어날지도 모르는 비상사태는 걱정하지 말라. 당신은 그것이 닥쳤을 때 해결할 수 있다. 당신이 하는 사업의 지평에서 불쑥 들이닥칠지도 모르는 장애물을 어떻게 극복할 것인지를 질문하는 것에 당신의 관심을 두지 말라. 오늘의 행로가 그것들을 회피하기 위한 것이 분명하지 않은 이상 무시하라.

멀리서 볼 때 아무리 무시무시하게 보이는 장애물일지라도 당신이 특정한 방식으로 행동한다면 그것이 소멸하거나 혹은 다가오더라도 극복하거나 혹은 회피할 수 있다는 것을 알게 될 것이다.

과학적 방법이 제시하는 길을 따라 부자가 되는 과정을 진행하고 있는 사람을 좌절하게 만들 수 있는 상황이란 결코 가능하지 않다. 2에 2를 곱해서 4를 얻는 것에 실패하는 사람이 없는 것과 마찬가지로 법칙에 따르는 사람이 부자가 되는 일에 결코 실패하는 경우는 없다.

일어날지도 모르는 재앙이나 장애물, 공황, 예기치 못한 사태 등에 대한 생각으로 불안해하지 말라. 그런 것들이 현실적인 문제로 당신의 눈앞에 닥쳐오기 전까지는 시간이 충분하다. 그리고 당신은 모든 난관은 그것을 극복할 수단과 함께 온다는 것을 알게 될 것이다. 말을 조심하라. 결코 당신 자신이나 당신의 업무 혹은 그 밖의 어떤 것들에 대해서도 낙담하거나 낙담하는 식으로 말하지 말라. 결코 실패의 가능성을 인정하거나 혹은 실패의 가능성을 암시하는 말을 하지 말라. 시기적으로 어렵다든지 사업의 전망이 의심스럽다든지 하는 말을 결코 하지 말라.

경쟁의 마인드를 가진 사람에게는 시기적으로 어렵거나 사업의 전망이 의심스러울 수 있지만, 창조의 마인드를 가진 사람에게는 결코 그런 일이 발생할 수 없다. 왜냐하면 그런 사람은 원하는 바를 창조할 수 있고 두려움을 극복할 수 있기 때문이다.

다른 사람들이 힘들고 사업으로 불황일 때 당신은 가장 큰 기회를 발견하게 될 것이다.

생성하고 성장하는 것으로써 세상을 바라보고 생각하도록 자신을 훈련시켜라. 악으로 보이는 것은 단지 미개발된 것으로 간주하라. 항상 진보적인 용어로 말하라. 그렇게 하지 않는 것은 당신의 신념을 부정하는 것이며, 그것은 곧 신념의 상실이 결코 당신 자신을 낙담에 빠지도록 허락하지 말라. 당신은 아마 어떤 시간에 어떤 것을 가질 것이라 기대하지만 그 시간에 그것을 얻지 못할지도 모른다.

이것이 당신에게 실패처럼 보일 것이다. 그러나 당신이 만약 신념을 가지고 있다면 그 실패가 단지 외양일 뿐이라는 것을 깨닫게 될 것이다. 특정한 방식을 지속하고, 어떤 것을 받지 못한다면 그보다 더 나은 것을 받게 될 것이다. 그러면 실패로 보였던 것이 실제로는 더 큰 성공이었다는 것을 깨닫게 될 것이다.

부자가 되는 과학을 배운 사람이 당시 그가 매우 간절히 원하는 어떤 사업에 대한 구상을 마음속에 그리고 있었다. 그리고 그는 몇 주 동안 그것을 실현하기 위해 일했다. 결정적인 순간이 왔을 때, 그것은 전혀 예기치 못했던 방식으로 실패하고 말았다. 마치 보이지 않는 영향력이 은밀히 그에게 대항하여 작용하는 것 같았다.

그는 낙담하지 않았다. 반대로 그는 그의 열망이 벽에 부딪힌 것에 대해 신에게 감사했고, 감사의 마음을 견고하게 간직했다. 몇 주 안에 첫 거래에서 이익이 발생할 만큼 훨씬 더 좋은 기회가 찾아왔다. 그는 자신이 알고 있는 것보다 더 많이 알고 있는 마음의 힘이 더 좋은 것을 잃지 않도록 하기 위해 그로 하여금 그보다 못한 것을 선택하지 못하게 막았다는 사실을 깨닫게 되었다.

만약 당신이 감사하는 마음을 갖고 신념과 목표를 잃지 않는다면, 실패한 것처럼 보이는 것들도 당신을 위해 작용할 것이다. 그러므로 매일매일 그날 할 수 있는 모든 일을 성공적인 방식으로 수행하라. 실패한다면 그것은 당신이 충분히 요구하지 않았기 때문이다.

계속 요구하라. 당신이 찾는 것보다 더욱 큰 것이 분명히 찾아올 것이다. 이 사실을 명심하라. 당신이 소망하는 것을 하기 위해 필요한 재능이 부족하기 때문에 실패하지는 않을 것이다. 만약 내가 설명한 바를 지속 한다면, 당신은 소망하는 것을 하기 위해 필요한 모든 재능을 계발하게 될 것이다.

이 책의 지면에서 재능을 계발하는 과학까지 같이 다루지는 못한다. 그러나 그것도 부를 획득하는 과정처럼 확실하고 간단하다.

어떤 정해진 지점에 도달했을 때, 능력이 부족해서 실패할 것이라는 두려움 때문에 떨거나 망설이지 말라. 그 지점에 도달할 때 당신은 그 능력을 갖추고 있을 것이다. 교육을 받지 못한 링컨이 개인으로서 정부에 가장 위대한 업적을 이룬 것과 같은 능력의 원천이 당신에게도 열려있다. 당신은 앞에 놓인 책임과 마주칠 수 있는 지혜를 끌어오기 위해 온 정신을 집중 할 수 있다. 신념을 갖고 계속 나아가라.

이 책을 공부하라. 안에 담긴 모든 사상을 마스터할 때까지 이 책을 굳건한 동반자로 삼아라. 신념을 확고하게 세우는 동안 당신은 유희나 쾌락을 쉽게 포기할 수 있을 것이다. 여기에 있는 사상과 대치되는 강의나 설교를 듣지 말아야 하며, 염세적이거나 계급적인 문학 작품도 읽지 말라. 남는 시간은 대부분 당신의 비전을 숙고하고 감사하는 마음을 간직하고 이 책을 읽으면서 보내라. 이 책에는 부자가 되는 과학에 관해 당신이 알아야 할 모든 것이 포함되어 있다.

요　약

　　만물의 근원이 되는 근본 물질이 있으며, 이 무형의 재료는 세상의 빈 곳을 가득 채우고도 남을 만큼 무한하다. 무형의 재료는 생각에 따라 영상화된 것을 양산한다. 인간은 마음속에서 어떤 형태를 생각할 수 있고, 무형의 재료에 그 생각을 각인시킴으로써 그것이 창조되도록 할 수 있다. 이를 위해서는 반드시 경쟁의 마인드를 창조의 마인드로 바꾸어야 한다. 소망하는 것에 대한 명확한 비전을 만들고 그것을 손에 넣겠다는 확고한 신념과 목표를 가져야 한다.

매일매일 그날 할 수 있는 모든 일을 하고, 각각 모든 행위는 반드시 효율적인 방식으로 수행해야 한다. 인간은 무형의 재료가 부여하는 축복에 대해 진심으로 감사하고 왕성하게 맞이함으로써 근본 물질과 완벽한 조화를 이루게 된다. 감사는 인간의 정신을 근본 물질과 결합시키고, 그럼으로써 인간의 생각이 무형의 재료에 받아들여진다.

인간은 깊고 지속적인 감사의 마음을 통해 무형의 재료와 합일되고 그로서만 창조의 마인드를 유지할 수 있다. 인간은 단지 깊고 지속적인 감사의 마음으로 자신을 무형의 재료와 결합시킴으로써만 창조적인 방식을 유지할 수 있다. 인간은 반드시 소망하는 것에 대한 정신적 영상을 명확하고 정확하게 형성해야만 한다. 그리고 모든 갈망을 부여하는 초월적 힘에 깊이 감사하면서 자신의 생각 속에 이 정신적 영상을 잘 간직해야 한다. 부자가 되기를 원하는 사람은 틈틈이 이 비전을 떠올리고 그것이 현실로 주어질 것에 대해 미리 감사해야 한다. 흔들리지 않는 신념과 진정한 감사의 마음과 함께 정신적 영상을 자주 떠올리는 것의 중요성은 아무리 강조해도 지나치지 않다. 이것은 무형의 재료에 각인을 새기는 과정이며, 창조적 힘의 동인이다.

창조적 에너지는 기존의 자연적 성장과 산업적 사회적 질서의 통로를 통해 작용한다. 앞에 제시한 지침들을 따르는 신념이 확고한 사람에게는 인간의 정신적 영상에 포함된 모든 것이 반드시 찾아올 것이다. 그가 소망하는 것들은 성립된 거래와 교환의 방식을 통해서 올 것이다.

자신의 것이 다가올 때 그것을 받기 위해서는 반드시 행동이 있어야만 한다. 이 행동은 자신의 현재 위치를 고수하는 것 이상이 되어야만 한다. 자신의 정신적 영상을 실현함으로써 부자가 되겠다는 목표를 마음속에 반드시 새기고 있어야만 한다. 그리고 매일매일 그날 할 수 있는 모든 일을 해야만 하며 각각의 모든 행동을 성공적인 방식으로 수행해야만 한다.

자신이 받는 금전적 가치보다 더 많은 사용가치를 모든

사람들에게 줘야만 한다. 그럼으로써 각각의 거래가 삶의 발전을 가져오게 만들어야 한다. 그리고 접촉하는 모든 사람들에게 발전의 인상이 전달될 수 있도록 반드시 진보적인 생각을 가져야만 한다.

제시한 가르침을 실행하는 모든 사람들은 확실히 부를 얻게 될 것이다. 그리고 그들이 받게 되는 부의 양은 명확한 비전과 확고한 목표, 흔들리지 않는 신념 그리고 진정어린 감사의 양과 정확하게 비례할 것이다.